AF403654

8° L⁵ph
1938

CE QUE J'AI VU DE LA GUERRE

LA CATHÉDRALE DE REIMS AVANT LA GUERRE

CE QUE J'AI VU DE LA GUERRE

PAR

JEANNE ROLIN

LONDON

CONSTABLE AND COMPANY LIMITED

1915

TABLE DES MATIÈRES

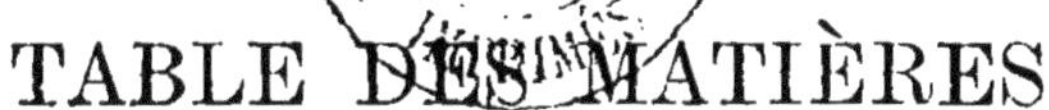

INTRODUCTION

Mes chères enfants.—Le simple récit qui
va suivre n'est pas de l'histoire ; je ne l'aime
pas. Je veux seulement vous relater ce que
j'ai vu et souffert avec les miens de la terrible
guerre. Je tiens également à vous assurer
qu'il n'y a rien d'imaginaire et que tout,
jusqu'aux moindres détails que vous allez
lire, n'a été que trop vécu par nous que Dieu
a choisis, avec tant d'autres, pour endurer
beaucoup des maux de cette affreuse tourmente.

Courcy, notre cher petit village où se
passèrent les faits, compte environ neuf cents
habitants.

Il est situé à onze kilomètres de Reims
sur la ligne de Laon et sur le canal de l'Aisne
à la Marne. Il est divisé en deux parties,
séparées par les deux voies de communication et forme deux villages distincts : la
Verrerie peuplé d'ouvriers et le village
proprement dit, agglomération de fermes,
de quelques maisons bourgeoises et d'un
château.

Tout autour, c'est le terroir irrégulier, les terres des fermiers, semées de bouquets d'arbres et interrompues par des bosquets. Au nord-est, sur une colline, les bois de Brimont, où se trouve un des forts servant à la défense de Reims, que l'on distingue très bien de la hauteur.

Lorsque le vent donne, on entend même le bourdon de la Cathédrale qui domine majestueusement les nombreuses maisons et manufactures groupées autour d'elle.

Entre Courcy et Reims s'étend une grande plaine qui, en septembre 1901, fut parcourue par le Tsar de Russie, Nicolas II., et la Tsarine, passant en revue les armées françaises avec le président de la République et nos généraux. Revue, fête grandiose, qui par son aspect martial éveillait l'idée d'une guerre, mais d'une guerre éphémère et pour rire. C'est sur ce même emplacement que prit place, en 1910, la première grande semaine d'aviation, laquelle fera époque, et dont le monde entier a parlé, à l'apparition de ces oiseaux géants, les merveilleux aéroplanes.

CE QUE J'AI VU DE LA GUERRE

I

LE MOIS D'AOÛT

Depuis six mille ans la guerre
Plaît aux peuples querelleurs,
Et Dieu perd son temps à faire,
Les étoiles et les fleurs.

V. Hugo.

Alors que juillet finissait chaudement, que les blés mûrissaient dans nos campagnes, désolées depuis, alors que rien ne semblait vouloir troubler le calme de la nature ensoleillée, la solitude des bois pleins d'harmonie et la paix des foyers, une guerre, la plus criminelle, la plus injuste, la plus barbare, la plus révoltante, la plus meurtrière certainement, était à la veille de se déclarer et de déchaîner la furie de toutes les puissances de l'Europe.

Cet oiseau hideux, cet aigle noir aux

A

yeux farouches et aux ongles crochus, l'Allemagne, le Kaiser, était arrivé au comble de sa sourde colère contre la France, la France surtout, l'Angleterre ensuite et les autres contrées, nos alliées, qui jusqu'ici ont imposé un frein à son fol orgueil.

'Il me faut un nom,' disait-il depuis long-temps à son fils et aux officiers qui flattaient sa rage et son ambition.

Et après avoir enfin épuisé tous les noms de l'histoire, il choisit ce grand nom dont doit parler l'histoire, dans notre pauvre France.

'Je veux, disait-il, être le Napoléon du vingtième siècle comme je suis l'instru-ment du Tout-Puissant.'

Nous lui accorderons le titre mérité d'Erostrate (pour ce qui concerne Reims), pas même celui de Néron, car il ne fut jamais descendant d'un César. Nous ne lui ferons le plaisir de le comparer à son héros choisi que pour lui prouver que de même que l'Empereur, son ambition le perdra, et le perdra bientôt en anéantissant l'Empire d'Allemagne avec lui.

Mon arrivée en France, le 1er août fut bien différente des autres, car ma famille déplorait déjà le départ d'un des nôtres.

Le matin même, un de mes frères, celui que nous ne devions plus revoir, était parti rejoindre fièrement son régiment à Verdun et j'aurai toujours un regret amer de ne pas lui avoir dit un dernier adieu.

Le lendemain, premier jour de la mobilisation générale, mon frère aîné partit également ; ce fut triste aussi, mais nous savions que, faisant partie de l'intendance, il courait moins de dangers que son cadet, caporal au 162e régiment de ligne.

La mobilisation s'effectua jusqu'au 16 août inclusivement, et ce fut tous les jours de touchantes scènes sur le quai de la gare de notre petite localité. Que de séparations pénibles, que d'adieux touchants, les derniers pour un grand nombre peut-être ; des époux, des pères, des frères, des enfants s'en allant, avec un sourire de fierté où perlait une larme excitée par les autres, à— Berlin. Les locomotives chargées de bouquets trop tôt flétris par l'ardeur du soleil,

les croquis nombreux mais tous les mêmes,
' la tête de Guillaume,' des chants et des
rires bruyants et des vers qui, sans être très
poétiques, n'en respiraient pas moins le
vieil esprit gaulois, tout donnait à ceux
même qui ont vécu '70, l'assurance que cette
fois c'était la revanche, et que pas un de ces
Prussiens ne mettrait le pied sur notre sol
sacré.

La nouvelle de la déclaration de la guerre
par l'Allemagne ne nous fit pas l'effet qu'on
imagine ; la mobilisation nous enlevait
nos hommes pour la guerre devenue imminente, c'était tout.

Pendant cette première quinzaine d'août,
ce ne furent que des passages de trains
irréguliers : des soldats, toujours des soldats,
des chevaux au regard paisible, des canons,
des véhicules de toute sorte, des autobus,
se dirigeant pêle-mêle vers le nord ou l'est.
Les premiers blessés venant de la Belgique
ne tardèrent pas à passer ; leur nombre
augmentant chaque jour nous firent voir
les premières horreurs de la guerre.

Bientôt il fallut des passeports pour

aller à Reims, et peu après pour aller dans les communes voisines. On les oubliait souvent ou on les perdait, mais il était aisé de se faufiler à travers champs, ou dans un sentier des bois pour ne pas être arrêté et ennuyé par une sentinelle, baïonnette au canon, laquelle, ignorant les us et coutumes du lieu, restait impassible là où on l'avait plantée.

La consigne devint plus stricte encore, car il fut de rigueur de rentrer chez soi à six heures du soir au plus tard et de n'en pas sortir avant six heures du matin, car on était certain d'aller coucher au ' poste.' Les gardes des voies, soldats de 46 ans, à qui l'uniforme n'allait plus, s'il était jamais allé, nous en ont menacés cent fois, mais n'ont jamais pu nous montrer ce poste qui, je crois, n'existait que dans leur imagination. Des militaires logés au fort de Brimont, à deux kilomètres de Courcy, nous rassuraient et leurs officiers nous confirmaient que les choses allaient au mieux et que si les Prussiens, perçaient la frontière, ils n'arriveraient jamais jusque chez nous.

Les journaux nous parlaient tant des progrès de nos troupes en Alsace, après une victoire ' écrasante ' à Mulhouse, de nos prouesses au nord-est, des Russes marchant sur Berlin avec une rapidité vertigineuse, que notre seul souci était de recevoir des nouvelles de nos braves piouspious.

Notre plus grande occupation était de nourrir et de loger dans nos granges des gens misérables qui s'étaient sauvés de leurs campagnes par frayeur, semant partout une telle épouvante que certaines municipalités intelligentes durent intervenir pour leur faire entendre raison.

Des familles entières ne possédaient qu'un paquet de hardes, que les aînés des enfants portaient sur leurs épaules courbeés, alors que la mère, ou la grande sœur harassées, poussaient péniblement la mauvaise voiture d'enfant toute crottée, ou traînaient impatiemment les marmots, pauvres petits pleurnichant de fatigue et de privations.

Une pauvre maman nous a dit avoir enterré son bébé de trois semaines sur la lisière d'un champ et une de ses compagnes d'infortune m'assura que le fait était reél. Parties des environs de Charleville depuis huit jours, elles n'avaient cessé leur course que pour passer la nuit dans des granges ou au pied d'une meule. L'enfant était mort de besoin comme on le devine. Combien de ces frêles petites créatures ont souffert et péri depuis le début des hostilités et combien d'autres auront le même sort.

D'autres paysans, un peu moins pauvres, de petits cultivateurs passaient, passaient, même la nuit, allant droit devant eux, conduisant une charrette à moisson chargée du nécessaire. Il était fréquent de voir de pauvres vieux couchés sur des matelas ou assis sur des fauteuils chamarrés de rouge que le véhicule cahotait, tenant les petits sur leurs genoux tandis que les aînés devançaient ou suivaient avec les valides qui essayaient de faire avancer des bœufs, des poulains rétifs, quelquefois même un troupeau de moutons. On voyait que tous, incapables de parer le malheur, s'efforçaient d'enrayer la pauvreté et la ruine menaçantes. Un soir vers huit heures, alors que nos amis et compagnes d'infortune, cinq personnes, étaient venues passer un moment avec nous, un ronflement de machine nous fit sortir, et un voisin nous rassura en disant que c'était la batteuse qu'on attendait à la ferme du château de Brimont.

Au même moment apparut dans la nuit étoilée et très bas l'imposante coque d'un ballon dirigeable, glissant au-dessus de nos têtes avec un ronronnement différent de celui des avions. Et les gens attroupés de dire : ' Un zeppelin, un vrai ! '

Les plus sensés se moquaient de ces propos et rassuraient les semeurs d'épou-vante. Un cliquetis éloigné devenant per-ceptible à nos oreilles, fit dire à une vieille :

—' On le mitraille, écoutez, tant mieux, ça fera encore des Prussiens de moins.'—' Un zeppelin ici, à cette heure,' dit un autre ' vous n'y pensez-pas ; comment ne l'aurait-on pas descendu avant ? ' Il ne faut pas jeter la panique pour des riens. C'est un dirigeable qui s'en revient tout simple-ment à l'Aviation Militaire.'—

Le lendemain, dès l'aube, on eut l'explication du fait. C'était bien un Santos-Dumont. Il avait annoncé son retour, par la télégraphie sans fil, mais pour une raison ou pour une autre, la dépêche n'avait pas été interceptée et les soldats, à défaut de contre-ordre l'avaient mitraillé. Ils devaient tirer sur tout dirigeable après une certaine heure. Cette heure étant écoulée, les officiers furent les premiers à croire à un aérostat ennemi.

Il vint échouer sur le chemin de Coiry, un peu en dehors de Courcy, Le lieutenant qui le commandait fut atteint mortellement et deux des pilotes grièvement blessés. Cet officier, attestèrent les aéronautes, avait anéanti on ne sait combien de Prussiens à Liége.

La chose fût étouffée le plus possible, pas un mot n'en parut sur les journaux et ce brave lieutenant, tué par ses frères d'armes, eut des funérailles touchantes et une affluence de monde se fit le devoir d'assister à la messe de Requiem, chantée pour lui à Notre-Dame de Reims.

Des trains entiers de canon, des convois

de chevaux, des véhicules de toute espèce, y compris des autobus du Midi se succédant sans trêve filant vers la Belgique envahie, nous permirent de constater que les événements prenaient une tournure inquiétante et l'anxiété s'accrut bientôt à cause des mesures suivantes.

Les civils furent requis par l'Autorité Militaire pour creuser des tranchées dans les bois, autour du vieux fort, en prévision d'une approche 'possible' de l'ennemi. Les buissons furent bientôt abattus sous les coups de sape, mais l'on sentait que c'était autre chose qu'une besogne de bûcherons que ces clairières qui se formaient si vite sous la surveillance de l'armée.

Les maires des communes avoisinantes firent tambouriner par le garde-champêtre ébahi, que tous les habitants en possession d'armes : carabines, fusils de chasse, révolvers, étaient priés de les déposer le plus tôt à la mairie sous peine d'amende. Ceci était dans le but de prévenir des Français exaltés de se servir de ces armes contre les envahisseurs. Le meurtre d'un seul eût suffi pour faire mettre à feu et à sang les localités de ces imprudents. L'idée nous vint et bien nous en prit de mettre nos objets les plus précieux en lieu sûr.

En 1870, ma grand'mère ayant enterré sa machine à coudre au pied d'un arbre, laquelle n'a pas souffert de l'humidité, nous crûmes qu'il serait sage d'agir comme elle.

Un soir, un ami connaissant les coins et recoins de l'usine nous dit avec un air mystérieux tout en roulant une cigarette : 'Je connais une belle cachette, si vous voulez. Il n'y a que moi qui la connais ; on ne peut même pas la trouver en la cherchant.'

Anxieux de la voir, il nous y conduisit sur-le-champ en craquant des allumettes pour nous éclairer.

Sous une voûte sombre et poussiéreuse, imaginez-vous une trappe s'ouvrant dans un conduit sans issue, de huit mètres de long, un mètre de large et autant de haut, le sol comme le haut pavés de briques réfractaires. Ce boyau avait été fait comme bien d'autres choses sans qu'on ait jamais su ni quand ni pourquoi.

Trois familles furent mises dans le secret et nous résolûmes d'enterrer ce qu'il nous plaisait ; le plus précieux sans doute : de l'argenterie d'abord, du linge, nos pendules, etc., enfin tout ce qu'on pourrait y entasser.

Il était indispensable de faire cela la nuit pour échapper aux regards des oisifs, des curieux ou des rôdeurs de grands chemins peu honnêtes.

Nous passâmes deux grandes journées à faire les ballots. L'argenterie graissée (on ne savait pas combien elle y resterait) fut soigneusement ficelée dans plusieurs papiers et mise en boîtes.

Plusieurs caisses furent bientôt remplies par les pendules emballées dans de la paille, les interstices bouchés par de menus bibelots.

Le linge, et quelle quantité, fut solidement cousu dans de vieux draps en morceaux ou dans des bâches. Après avoir mesuré l'ouverture de ce conduit, nous vîmes qu'il serait aisé d'y glisser une vieille petite malle qui n'était bonne qu'à cela.

Elle servit donc à serrer nos vêtements les plus beaux. A quoi bon les toilettes pendant la guerre !

Il y a même une robe de mariée et une couronne de fleurs d'orangers. Dans quel état en sortiront-elles et dans combien de temps ?

Nous y avons aussi serré de la vieille porcelaine, des antiquités de valeur, des portraits de famille, et même une cave à liqueurs que les deux hommes qui ont passé des nuits à presser le tout avec parcimonie ont eu la permission de vider.

La réunion des paquets se fit un soir chez nous, les plus proches de la mystérieuse cachette. La nuit était des plus sombres, ce qui nous convenait au mieux.

Après avoir entendu mille bruits imaginaires causés par la peur, ou ceux des chats jouant dans les bouteilles, nous nous mîmes à la besogne.

Une personne, ma mère, ferait le guet à notre grille pour répondre à tout visiteur intrus ou nous faire signe de suspendre tout mouvement si besoin était, pendant que, les épaules chargées, mon frère et moi, nous glisserions dans le souterrain à pas de loup.

Mon père eut la mission de garder la maison d'aspect lamentable au moment de confier son précieux contenu au secret d'un véritable tombeau dans le but de l'empêcher de rôder dans la cour de l'usine où nos allées et venues devaient avoir lieu. Les deux petites filles qui seront avec nous dans la tourmente furent mises au lit ; c'est dire que nous avons dû prendre toute espèce de précautions pour ne pas voir notre secret dévoilé.

En marchant sur la pointe des pieds, sans parler mais non sans rire, vêtus comme des mendiants pour ramper et remuer ces paquets dans la poussière, nous portâmes en plusieurs voyages tous les ballots dans la voûte obscure. Le va-et-vient se fit à tâtons et quand le tout fut réuni, pêle-mêle on le devine, nous allumâmes une lanterne pour celui qui avait accepté de placer le mieux possible ce que d'autres lui passeraient. Ces autres devaient opérer dans le noir, ce qui n'était pas commode et n'allait pas vite.

Il nous arrivait de trébucher dans des harnais de chevaux d'officier, en essayant de saisir un paquet de linge, ou d'empoigner une brique croyant tenir une boîte quelconque.

Tout à coup nous entendîmes des pas résonner et craignant d'être découverts nous éteignîmes notre pauvre lumignon et restâmes immobiles en attendant.

Ce n'était qu'un des intéressés, venant nous prévenir qu'on nous entendait rire de trop loin. La voûte faisait résonner nos pas et amplifiait tous les sons.

C'était en effet bien drôle ! Nous nous voyions photographiés dans cet accoutrement, de vrais détrousseurs de cadavres, couverts de paille et de cette poussière noire des usines.

De deux choses l'une ; ou les Prussiens ne trouveraient rien chez nous pour surcharger leurs autos cédant presque sous le poids du butin, ou la chose n'était qu'une simple précaution, car rien ne nous eut fait prévoir qu'un mois plus tard ce cher village ' n'existerait plus ' et que notre jardin serait un cimetière d'Allemands.

Deux jeunes gens, mon plus jeune frère entre autres, finirent seuls la besogne le 26 après minuit. Les derniers objets apportés furent les harnais du cheval d'un capitaine de réserve. Ces barbares, on le savait depuis la dernière guerre, se montrent plus odieux s'ils s'aperçoivent qu'une famille compte un officier parmi ses membres. L'ouverture du souterrain comblé de paille fut maçonnée et l'on fit disparaître tout indice révélateur avec ce qu'il y avait autour : de la paille, de la terre, du verre cassé, etc. Il nous faudra chercher la plaque de fer carrée qui y donne accès, car la voûte a été bien piétinée ultérieurement et le bâtiment étant effondré, il faudra déblayer pendant plusieurs jours avant de reprendre possession de notre bien.

Nous avons également enterré du vin et du pétrole dans notre jardin. Ne pas prendre cette dernière précaution eût été fournir des armes à nos ennemis incendiaires autant que cruels. Nous avons perdu tout espoir de retrouver ces derniers, car ils ont dû être mis à découvert par les obus qui, jusqu'ici, sont tombés au nombre de plusieurs mille en creusant d'énormes cavités dans le sol.

L'approche pressentie des Prussiens, ou pour mieux dire, le front devenu soucieux des officiers du fort, répandit l'alarme, même chez les plus crânes.

Des souterrains moins secrets mais sûrs, cependant, furent comblés par certaines de nos familles d'ouvriers qui avaient tant peiné pour se procurer ' un petit mobilier.'

Il était navrant de voir transporter des sacs de grosse bâche bourrés de linge et de vaisselle, des enfants portant des pans d'armoires sur leur dos, tandis que les hommes fléchissaient sous le poids d'un matelas qu'ils voulaient à tout prix sauver.

Un matin, vers six heures, je vis un pauvre valet de ferme s'apprêtant à enfouir quelques écrins d'argenterie dans une fosse creusée au coin d'un champ. La lanterne posée à quelques pas, montrait clairement qu'il avait consacré à ce travail une bonne partie de la nuit. J'aime à croire qu'il aura réfléchi avant d'agir car, en temps de guerre, les pillards sont peut-être plus à redouter que les hordes ennemies.

Malgré tous ces tracas, le mois d'août s'achevait ne laissant derrière lui que des journées ensoleillées que nos soldats au repos ont certainement goûtées avec les mille agréments de la Nature qui, elle, enseigne toujours aux hommes le calme, l'ordre et la paix.

La gazette, réduite à une modeste feuille, ne reportait que l'avance lente des Allemands sur Paris, par une seule brêche, la vallée de l'Oise. Hélas! le Nord de notre pauvre patrie, l'Aisne et les Ardennes étaient déjà infestés de ces Huns, qui par leur nombre toujours croissant, se faisaient comparer à ces nuées de sauterelles qui pullulent en Algérie.

Le dimanche matin, 23 août, le grondement lointain du canon se fit entendre pour la première fois vers sept heures.

Les plus crânes raillaient ceux qui, voyant tout en noir, croyaient à une vraie bataille dans la région.

—'Une bataille! vous n'y pensez pas!

L'autorité militaire a prévenu, vous le savez ; on doit faire des exercices de jour ou de nuit.'

D'ailleurs, c'était comme en temps de manœuvres et la petite guerre nous fut toujours familière.

Combien de fois, en septembre généralement, les soldats de forts voisins ont pris notre village, nos bois, la gare, un pont, une écluse même, dans ces petites guerres qui, si souvent ont fait faire l'école buissonnière aux écoliers—futurs guerriers—vos défenseurs d'aujourd'hui, pour ne parler que de mes frères, anxieux dès leur jeune âge de se familiariser avec le métier des armes !

Un officier de dragons, rencontré sur le pont du canal, jumelles en mains et s'informant près de la garde si un lieutenant venait de passer (un espion déguisé) nous frappa par son air pensif et son regard troublé.

' Ce sont des exercices, n'est-ce pas, mon colonel, le canon vient de Sissonne ? '

' Non, malheureusement, il est préférable

de ne pas se leurrer, l'ennemi approche ;
il est dans les environs de Rethel.'

Cette première et manifeste approche du
danger nous coupa bras et jambes ; bientôt
cependant nous nous ressaisîmes en jurant
de nous taire pour ne pas jeter la conster-
nation chez les autres ; qu'allaient devenir
certaines de nos femmes qui semblaient
perdre la raison depuis le départ de leurs
fils.

Ce même dimanche nous rendîmes une
dernière visite d'adieu à un ami et parent,
lieutenant porte-drapeau de 60 ans qui
séjournait à Brimont depuis le début des
hostilités.

Il comptait le soir même partir pour de
bon, après avoir passé les journées et nuits
précédentes avec ses hommes, en position
de combat au Bois Soulain, tandis que les
artilleurs ajustaient les batteries de 75,
gros joujoux meurtriers dont la vue nous
a toujours été moins familière que celle de
nos gros canons de fonte qui rappellent le
Grand Turenne endormi sur un affût couvert
de neige. Nous trouvions l'idée bizarre,

folle, ignorants que nous sommes de la tactique militaire. Quitter cette grande plaine nue entourée de forts, où l'on disait si souvent depuis 70 :

' Ah ! si seulement ils revenaient se faire faucher là, quelle râfle ! Mais ils ne s'y risqueront jamais, ils la connaissent et l'étudient à notre insu.'

Nous vîmes bientôt que c'est de cette façon qu'une armée avance et que l'autre recule.

Nos troupiers, les derniers Français que nous devions voir, nous abandonnaient-ils donc ! Comme adieu, ou plutôt afin que les Prussiens n'en aient point, nous leur distribuâmes notre vin et ils firent la soupe avec toutes les poules du village. C'était un véritable carnage qui n'était que le commencement de la ruine et de la désolation.

II

LES ALLEMANDS À REIMS

Oh ! qui t'eût dit alors, à ce fait sublime,
Tandis que tu rêvais sur le trophée opime
     Un avenir si beau,
Qui un jour à cet affront il te faudrait descendre,
Que trois cents avocats oseraient à ta cendre
     Chicaner ce tombeau.

V. Hugo.

Les 30 et 31 août ne furent que des journées d'angoisse et d'anxiété continuelles, que les réflexions peu discrètes des soldats et les fronts soucieux de leurs chefs ne firent qu'accroître.

L'autorité militaire et la municipalité avaient promis de faire évacuer à temps ; il était donc inutile de partir à l'aventure pour beaucoup qui risqueraient d'être reçus comme des gêneurs ou des mendiants et avec le cœur bien gros pour ceux mêmes qui avaient l'assurance de trouver un logis hospitalier.

Quant à nous, les quelques vêtements

que nous devions emporter étaient prêts
dans une valise et des cartons alignés près
de la porte, tandis que les sacoches contenant
l'argent disponible et des papiers de valeur

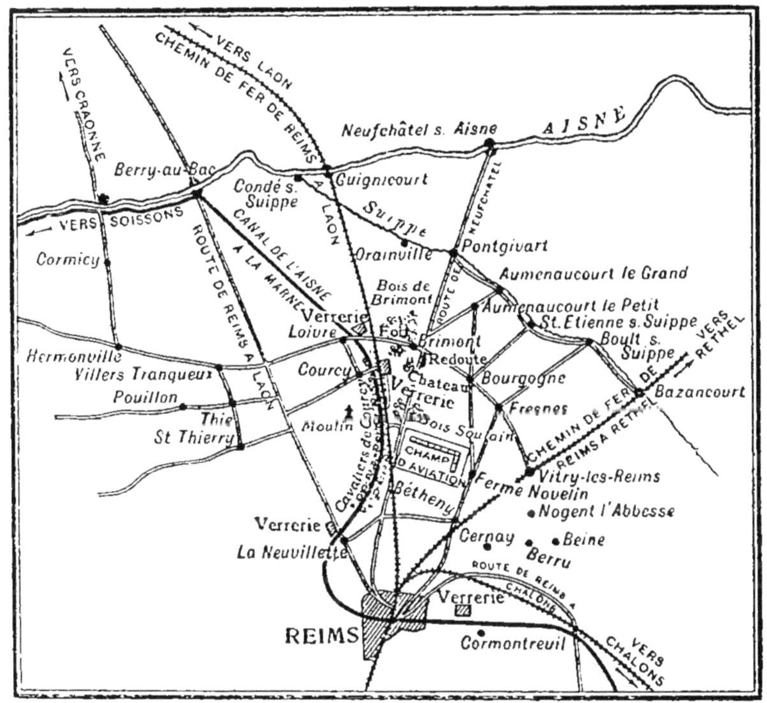

ne quittaient pas le chevet du lit où l'on
pourrait les saisir en cas d'alerte.

Les bestiaux des fermes attendaient aussi,
la longe au cou, dans les cours près des
charrettes à moisson chargées d'un mobilier
sommaire au milieu duquel était bien

souvent un fauteuil bigarré pour l'aïeule invalide.

Le soir de ce jour, inoubliable comme les précédents, un train d'une longueur démesurée, à la vitesse d'un train de marchandises, emmenait sur Paris les employés des gares de la ligne de Laon.

'Le pont de Guignicourt est sauté depuis notre départ,' nous cria par la portière un homme d'équipe de la station de ce bourg. 'Ne vous alarmez pas, ajouta-t-il, ce n'est que par mesure de précaution.'

Notre facteur reçut l'ordre de fuir sur-le-champ avec les pièces indispensables de son appareil télégraphique. La dernière distribution des lettres fut en grande partie pour porter aux conscrits de la classe 1915 leur feuille de route. Mon frère partit alors en garnison pour Verdun. Ces jeunes gens de vingt ans à peine, étaient au comble de l'enthousiasme d'aller rejoindre leurs aînés au champ d'honneur, car ils se doutaient bien que leur vie de caserne serait de courte durée. La même réflexion partait de toutes les bouches :

‘ Alors, plus de train, plus de lettres, plus de journaux.’

Le premier septembre, des soldats de passage que l’on dirigeait sur Bazancourt dégustèrent de grand cœur les volailles restantes des fermes, véritable gaspillage en temps ordinaire que l’approche des ennemis rendait presque un devoir.

Quel triste spectacle offraient ces pauvres troupiers de tout âge ! C’était le reste de deux régiments, le 151e et le 162e, qui venaient d’être décimés près de Longwy quelques jours avant : fatigués, sales, les uns traînant la jambe, les autres la tête ou un membre bandé, tous portant dans leurs yeux l’image de la mort qui avait frappé leurs camarades ! Le 162e était le régiment de mon frère, qui en était alors absent, mais nous le croyions blessé sur l’affirmation d’un de ses amis de la même compagnie. Hélas ! il était alors enterré depuis le 22 août par les Allemands là où il était tombé, au combat de Pierrepont, un shrapnell l’ayant atteint en plein cœur après 11 heures passées sous le feu de leur artillerie lourde. Que ce sacrifice, uni à celui de toutes les familles, nous obtienne le salut de la France et celui de ses alliées, l'innocente Belgique, la noble et généreuse Angleterre et notre amie, la Russie !

On distribua à ces braves tout ce qu'on avait et les officiers durent intervenir pour modérer la quantité de vin que les mères, songeant à leurs gars, leur prodiguaient déraisonnablement.

Quelques rumeurs d'une attaque de nuit courant dans le voisinage, nous résolûmes de partir pour Reims le lendemain, la perplexité et l'incertitude étaient plus pénibles que le danger lui-même. On avait vu des Uhlans à douze kilomètres et leur passage avait quelque chose de sinistre ; on les considérait partout comme les avant-coureurs de la mort. Pourquoi hésiter, le canon tonnait de plus près, des tranchées creusées autour de nos villages prenant l'aspect d'une forteresse de second ordre, le fort de Brimont prêt à l'action comme ses voisins de Berru et de Vitry-les-Reims ; n'était-ce pas là un indice sûr que le danger devenait imminent ?

Une voiture devait nous prendre vers huit heures du matin avec nos quatre amis. Deux majors logeant chez ces derniers achevèrent de nous décider.

' Attendez le jour dirent-ils, rien ne presse, dormez tranquilles, on ne viendra nous appeler, nous, qu'à trois heures.'

A minuit, un choc discret à nos persiennes nous éveilla en sursaut.

' Il est prudent de se préparer maintenant,' prononça une voix pleine d'émotion que nous reconnûmes tout de suite.

'Les majors viennent de partir, ça va mal. Prenez le temps de vous préparer, nous ne partirons qu'au jour, car les soldats vont encombrer les routes et nous serions bloqués dans les champs.'

L'affolement était à son comble, l'étonnement aussi. Pourquoi avoir creusé des tranchées, préparé le fort et posté les soldats en position de combat depuis une quinzaine ? Le silence de cette nuit fraîche et sans étoiles donnait un je ne sais quoi de lugubre à la campagne. La plupart d'entre nous n'avaient jamais vu de casques à pointes que sur des images. Depuis '70 ils étaient devenus une sorte d'épouvantail pour les petits qui se promettaient bien de les chasser de nos provinces annexées, l'Alsace et la Lorraine. Poussés par un instinct de conservation qu'on ne pourrait confondre ici avec de l'énergie, nous quittâmes Courcy le cœur bien gros le 3 septembre à cinq heures du matin. Le soleil levant, une rosée épaisse annonçaient une journée splendide ; la nature belle et douce voulait sans doute nous faire oublier les tribulations en conservant l'ordre et la paix qui la caractérisent si parfaitement.

A travers la campagne où les routes n'étaient plus que des champs pierreux, les champs des routes défoncées, le tout un dédale d'ornières, nous gagnâmes Reims après avoir rencontré maint compagnon d'infortune. A même dans les terres abandonnées on comptait des familles campant sur de la paille ou de vieux matelas, tandis que les bestiaux paissaient non loin d'eux. On aurait cru à un campement de ces nomades à la mine mauvaise, dont on se défie toujours, et dont on s'éloigne quand on peut, non sans cause. Tous en quittant brusquement leurs foyers, gardaient au cœur l'espoir que l'exil imposé par les plus douloureuses circonstances serait de courte durée.

Ce qui nous frappa en arrivant à la ville fut la disparition complète de nos pious-pious aux pantalons rouges avec lesquels nous étions devenus si familiarisés depuis la mobilisation. Ils avaient dû évacuer la ville et les vieux forts inutiles et démodés qui l'entourent. Mon père étant allé au centre pour voir ce qui se passait rapporta bientôt la nouvelle qui résolut l'énigme. ' Reims est désormais ville ouverte,' dit-il. ' Ils ne bombarderont pas, ils l'ont promis si la ville se rendait.' La veille, quelques membres de l'Etat-Major allemand pénétrèrent dans Reims pour traiter avec les autorités civile et militaire. Des campagnards peu intelligents purent arrêter leur automobile à la Neuvillette et soufflettèrent un de ces officiers, lequel, après les pourparlers, voulait mettre leur village à feu et à sang. Les autres qui lui étaient supérieurs purent lui faire entendre raison heureusement. Ce fut peut-être aussi la coupe de champagne offerte par la dignité et la civilité du conseil municipal qui acheva de calmer l'humeur belligérante de l'outragé.

Une affiche du maire, placardée un peu partout annonçait officiellement l'occupation de la cité par les troupes allemandes.

AUX HABITANTS

Au moment où l'armeé allemande est à nos portes et va vraisemblablement pénétrer dans la Ville, l'Administration Municipale vient vous prier de garder tout votre sangfroid, tout le calme nécessaire pour vous permettre de traverser cette épreuve.

Aucune manifestation, aucun attroupement, aucun cri ne doivent venir troubler la tranquillité de la rue. Les services publics, d'assistance, d'hygiène, de voirie doivent continuer à être assurés. Vous voudrez y contribuer avec nous.

Vous resterez dans la Ville pour aider les malheureux. Nous resterons parmi vous à notre poste pour défendre vos intérêts.

Il ne dépend pas de nous, population d'une ville ouverte, de changer les événements. Il dépend de vous de ne pas en aggraver les conséquences. Il faut pour cela du silence, de la dignité, de la prudence.

Nous comptons sur vous, vous pouvez compter sur nous.   Le Maire, Dr LANGLEY.

REIMS, le 3 septembre, 1914.

Le 4, à $9\frac{1}{2}$ du matin, quatre automobiles montées par les mêmes officiers peut-être que le 3, et suivies, à quelque distance, par un escadron de Uhlans, vinrent stopper devant la sous-préfecture où se tenait en permanence le maire, le docteur Langlet, entouré de plusieurs membres du conseil municipal, qui n'avaient pas voulu fuir. Les pourparlers s'engagèrent très correctement pour régler les conditions de l'occupation. Les officiers allemands, qui parlaient admirablement notre langue, connaissaient toutes les ressources rémoises.

Tout à coup une forte détonation se fit entendre, aussitôt suivie d'une autre. Un obus venait d'éclater près du canal, rue du Jard, et un autre s'abattait même rue, dans une école heureusement vide.

Les Allemands se levèrent, au comble de la furie. ' C'est un odieux guet-apens dans lequel vous nous avez attirés, monsieur,' dirent-ils au maire. Vous voulez nous faire tuer. Vous et vos conseillers serez fusillés, et si le tir ne s'arrête pas immédiatement nous faisons mettre le feu aux quatre coins de la ville.' En vain, le maire, dont la conduite fut vraiment admirable, protestait, affirmant que les obus ne pouvaient provenir des batteries françaises, à cet instant beaucoup trop éloignées. Il se heurtait à la phrase sans cesse redite :

'Je m'en fiche ! Faites cesser le tir. Sinon . . .'

Le maire sortit. Il revint bientôt rapportant de nombreux éclats d'obus qu'il jeta sur la table devant l'Etat-Major.

'Regardez, messieurs. Sont-ce là des projectiles français ? '

Les officiers durent convenir qu'effectivement ils se trouvaient en présence d'éclats d'obus de leurs propres canons. Par la fenêtre, ils lancèrent un ordre et une automobile s'éloigna à toute vitesse. Moins d'un quart d'heure après, le bombardement cessa. A cet instant, il était tombé sur les bas quartiers de la ville, et très loin de la sous-préfecture, une trentaine d'obus.

L'officier revint en automobile et déclara :
' C'est une de nos batteries qui a mal inter-
prété un ordre,' dit-il simplement.   ' L'incident est clos.'

Clos l'incident et close aussi la vie d'une
douzaine de personnes, victimes de cet
odieux guet-apens parfaitement organisé
par les Allemands et non par les nôtres.

Le lendemain 4, les troupes allemandes
faisaient leur entrée au pas de parade,
précédées de leurs musiques et de très nombreux fifres qui, personnellement me rappe-
lèront trop bien les ' bagpipes ' des Écossais.
Les murs se couvrirent d'affiches et de pro-
clamations, dont voici les copies ; toutes
commençaient par le mot :   ' J'ordonne '
et se terminaient par de terribles menaces
de représailles.

ORDRE

Ayant pris possession de la Ville et Forteresse
de Reims, j'ordonne ce qui suit :
Les chemins de fer, les routes et les com-
munications télégraphiques et téléphoniques
dans la ville de Reims, ainsi que dans la pro-
ximité immédiate de la place, doivent être protégés contre toute possibilité de destruction ;

il est nécessaire de surveiller par une surveillance minutieuse les bâtiments publics situés le long des lignes de communication.

La Ville sera tenue responsable de toute contravention contre cet ordre et les coupables seront poursuivis et fusillés. La Ville sera frappée de contributions considérables.

J'ajoute qu'il est d'ailleurs dans le propre intérêt de la population de se conformer aux prescriptions précédentes. Elle aura ainsi le moyen d'éviter de nouvelles graves pertes en reprenant, en même temps, ses occupations ordinaires.

Le Général Allemand,
Chef de la Place.

PROCLAMATION

Toutes les autorités du Gouvernement Français et de la Municipalité sont informés de ce qui suit :

1° Tout habitant paisible pourra suivre ses occupations régulières en pleine sécurité, sans être dérangé. La propriété privée sera respectée absolument par les troupes allemandes. Les provisions de toute sorte servant aux besoins de l'armée allemande seront payées au comptant.

2° Si, au contraire, la population oserait, sous une forme quelconque, soit ouverte ou cachée, de prendre part aux hostilités contre nos troupes, les punitions les plus diverses seront infligées aux réfractaires.

3° Toutes les armes à feu devront être déposées immédiatement à la Mairie ; tout individu trouvé une arme à la main sera mis à mort.

4° Quiconque coupera ou tentera de couper les fils télégraphiques ou téléphoniques, détruira les voies ferrées, les ponts, les grandes routes ou qui conseillera une action quelconque au détriment des troupes allemandes, sera fusillé sur-le-champ.

5° Les villes ou les villages dont les habitants prendront part au combat contre nos troupes, feront feu sur nos bagages et colonnes de ravitaillement ou mettront entrave aux entreprises des soldats allemands, seront fusillés immédiatement.

Seules, les autorités civiles sont en état d'épargner aux habitants les terreurs et les fléaux de la guerre. Ce seront elles qui seront responsables des conséquences inévitables résultant de la présente proclamation.

Le chef d'état-major général de l'armée allemande.   Von Moltke.

Il faut reconnaître que, pendant tout le reste du temps de l'occupation, les Allemands ne commirent aucun excès. La classe ouvrière, les flâneurs furent même trop familiers avec eux et il n'était pas rare de voir de simples soldats, pères de famille sans doute, assis sur un canon caressant un bébé sur les bras près de la mère souriante et . . . fière !

Les cafés étaient bondés de ces mêmes

hommes attablés devant des bouteilles de bière ; ils avaient l'air de chercher à se désennuyer, car ils laissaient voir une grande fatigue ajoutée à un ennui facile à comprendre. Ils paraissaient moins se leurrer que les officiers qui trônaient chez nous en vainqueurs. Ceux-ci avaient pour la plupart l'air hautain et la manière dont les jeunes surtout heurtaient les passants, et leurs regards narquois dénotaient une origine très basse plutôt qu'une grossièreté voulue.

Ils roulaient tapageusement en auto, s'arrêtaient chez les confiseurs qu'ils payaient et en resortaient les bras chargés de fortes friandises afin de les empiler dans les véhicules entre leurs massives personnes. Ces messieurs semblent avoir un goût très prononcé pour le chocolat Menier. Il n'est pas à dédaigner en effet, même pour de plus fins gourmets que ceux-là.

Ils ont fait main basse sur le dépôt de tabac bien garni à ce moment-là et ce fut là leur plus grand excès si l'on excepte la consommation des vins de champagne.

Les habitants de Reims auront toujours

devant les yeux ces Saxons aux uniformes gris et sales, ces toques ronds avec un galon rouge qui arpentaient les plus belles rues ou se vautraient sur de la paille sur le parvis de la cathédrale. On les regardait du coin de l'œil croquer à même dans un poulet ou déchirer gloutonnement un énorme morceau de viande en jetant leurs os sur la statue de Jeanne d'Arc qui se trouvait au milieu d'eux.

Il ne faut pas croire non plus qu'ils n'ont veillé qu'à la tranquillité des Rémois qu'ils avaient pris sous leur 'haute protection.' Non. Le champagne était trop abondant, les plus fines marques trop alléchantes pour leur palais qui avait souffert de la soif pendant ce mois de dur labeur. Les officiers —de haute marque—également, célébraient dans leurs hôtels, sauvegardés par des otages, la victoire du moment par d'amples libations, mais les soldats, les sentinelles même, la célébraient publiquement (comme chacun le pouvait) et sans le moindre amour-propre, tout était à eux ; c'était du moins le fonds de leur pensée et ils ne le dissimulaient pas.

On voyait de ces soldats en faction étendus ivres-morts en plein soleil sur le bord d'une route ou dans les traverses des champs, une bouteille du nectar mousseux dans les bras. Pendant ce temps, on passait librement. Parmi les quelques hommes qui devaient occuper le fort de Brimont, deux chefs prirent les maires de Courcy et de Brimont et l'Instituteur du premier comme otages pour la visite du fort.

' Si nous troufons tes soltats tans les pois, vous fucillés et fillage prûlé.'

A cette menace, tous trois s'inclinèrent et ôtèrent leur chapeau pour montrer leur tête blanche. Ils n'en trouvèrent point. Les habitants étaient sur le qui-vive pendant cette visite, car la veille les femmes avaient porté du café et du pain à une vingtaine d'échappés d'un combat précédent et l'on craignait que les enfants n'éventent la mèche. Craignant une perquisition, on ouvrit les portes de toutes les maisons afin qu'ils ne puissent reprocher aucune résistance ; cela fut apprécié certainement par notre pauvre chat, Nell, que, dans notre

précipitation, nous avions enfermé en par-
tant. Ils n'en firent rien ; étant peu nombreux, ils paraissaient avoir peur et se
cacher.

Nous revînmes à Courcy trois jours après
l'occupation. Tout était calme, la frayeur
des casques à pointe disparu, eux corrects ;
en somme, on était tout à la joie de retrouver
son foyer qu'on avait cru ne plus jamais
revoir. Brimont ne comptait que trente
occupants. Ils ne sortaient pas du fort à
l'exception d'un seul, le domestique peut-
être, lequel descendait une fois par jour au
village pour acheter les provisions. Ce ne
fut un coup de commerce pour aucune des
boutiques ni pour personne, car ce peu
délicat n'avait pas honte d'offrir un franc
pour trois poules.

Un matin, quatre d'entre eux s'amusè-
rent à faire brûler de la poudre dans une
casserole de cuisine. Une forte explosion
s'ensuivit ; l'un d'eux fut déchiqueté et
ses camarades blessés grièvement. Ce fut
un émoi dans le pays, car après tout c'était
un homme et un père de sept enfants. Les

autres refusèrent un cercueil qu'on leur offrit et le remplacèrent par une caisse à sucre vide que l'épicier voulut bien leur donner.

On avait repris ses petites habitudes, on sortait peu et on s'enfermait de bonne heure le soir. Tout le monde jardinait par dessin autant que comme passe-temps. Les légumes seraient rares, le pain cher si on en avait et c'était, tous l'éprouvaient, un devoir de tirer parti du peu qu'on possédait.

Aucun journal, cela va sans dire, mais on n'en réclamait point. Imprimés sur les ordres de nos 'maîtres' ils ne nous auraient communiqué que de fausses nouvelles, des défaites pour nos armées sur toute la ligne. Un grand nombre d'émigrés reprirent presque joyeusement le chemin de leurs campagnes après que les Allemands eurent fait publier que la sécurité étaient garantie aux gens des communes des Ardennes, même à ceux de Rethel et de Charleville. On sut plus tard que beaucoup, y compris les femmes avaient été arrêtés pour enterrer les cadavres des hommes et des chevaux qui gisaient dans les plaines et les bois, infectant l'atmosphère faute de bras pour exécuter cette funèbre besogne.

L'horizon était bien noir, il est vrai, le canon tonnait, l'ennemi marchait sur Paris, on sentait le poids écrasant de l'humiliation, mais on retrouvait son *home,* son jardin, ses fleurs même, tout ce qu'on avait abandonné avec la certitude de voir tout pillé ou brûlé. Dans les grandes douleurs, il est bien facile de trouver un adoucissement ; il semble que le cœur humain soit fait pour goûter avec avidité la moindre joie, étincelle minuscule qui brille dans un nuage de fumée noire.

La semaine passa tranquillement et on ne s'ennuyait que de l'absence de nouvelles des soldats.

Le 11 vers midi, l'attention générale fut attirée soudain par quatre ' Tauben ' venant atterrir dans un champ moissonné, un peu à l'écart du château de Courcy. Un drap blanc étendu non loin de là leur marquait l'endroit d'atterrissage. Un gars de 16 ans dit à ceux qui venaient ' voir,' que les

Allemands n'avaient plus le droit d'occuper l'Aviation Militaire, située à deux kilomètres, et qu'ils se hâtaient de déguerpir.

On rit tout simplement de cette réflexion comme de tout ce que l'on entendait, des ' nouvelles ' qui n'étaient que le produit des commérages. La langue ! Toutes les facultés peuvent s'atrophier, les organes se débiliter, la langue périra la dernière. Beaucoup d'entre nous étaient si las d'entendre ces faux-bruits que nous ne sortions plus de notre clos pour ne rien ouïr de tout cela.

Ce même après-midi, on remarqua que le canon rapprochait, mais loin de tous, des plus sensés surtout, la moindre idée d'une retraite si brusque ; tous ne comptaient que sur les forts de Paris pour leur infliger une défaite sérieuse.

Le soir, vers cinq heures, alors que le soleil descendait à l'horizon après une belle journée d'arrière-saison, un bruit lointain et continu, comme celui de lourdes charrettes à moisson sur les routes poudreuses nous parvint assez distinctement. C'étaient les convois de munitions qui défilèrent toute la nuit. En allant sur une hauteur pour apercevoir la route de Neufchâtel d'où provenait ce roulement sourd, une jeune femme revenant à pied de la ville annonça que les Allemands quittaient Reims. Sans trop attacher foi à cette parole de bonne femme crédule nous nous disions :

‘ Il y a certainement quelque chose, ce manège n'est pas clair.’

Le lendemain matin les aéroplanes n'étaient plus seuls, une file interminable de véhicules de toute sorte encombrait la Grande Rue et là s'offrait un spectacle écœurant mais curieux. Des soldats sans orgueil sans doute riaient et plaisantaient tandis que les officiers fiévreux et agités les tançaient de leurs regards en colère. Ce détachement convoyait une partie du butin. On aurait pu meubler une maison avec ce qui était empilé sur chaque auto, préparée sans doute pour le recevoir : des meubles, des tapis, des descentes de lit, des écrins, des lanternes, des chandeliers, des balais, des seaux, des paquets de linge, le tout entassé pêle-mêle donnant à ces autos des dimensions volumineuses, en hauteur surtout.

Vers huit heures, une femme descendit un ordre de Brimont, venant soi-disant de la garnison, celui de s'éloigner bien vite dans les champs aux alentours, pour la raison que les Allemands allaient faire sauter le fort et les deux redoutes placées à un kilomètre à l'est et à l'ouest de celui-ci. Ce fut un affolement général, les femmes en négligé se sauvant avec leurs bébés dans les bras, tandis que les grands emportaient la miche en grignotant un bout de chocolat et que les plus petits criaient et restaient derrière en trépignant. Le vieux fort et les redoutes sautèrent et les plus raisonnables qui restèrent chez eux n'entendirent que cinq ou six détonations plutôt sourdes, accompagnées de nuages d'une fumée noire qui rendait la campagne lugubre.

Tout le monde revint chez soi encore une fois en disant : ' Nous en avons été quittes pour la peur.'

Le 11, à Reims, à la nuit tombante, grand

remue-ménage. Les officiers traversaient la ville en automobile, à cheval, en bicyclette, jetant des ordres et sifflant.

Les soldats—beaucoup ayant déjà quitté leurs uniformes—se vêtaient à la hâte, sautaient sur leurs fusils qu'ils chargeaient en courant et se rendaient vers les endroits désignés. Ce fut une alerte d'abord, une ruée ensuite, et enfin, quand dans les faubourgs fut signalée la présence des chasseurs à cheval français, une déroute véritable, les hommes jetant leurs sacs et leurs armes pour courir plus vite. Quel contraste entre cette course éperdue et l'entrée triomphale au pas de parade combiné avec le pas de l'oie !

Durant toute la nuit passèrent des troupes françaises qui ne firent que traverser la ville et se portèrent en avant. Beaucoup d'infanterie, mais peu d'artillerie. Le **12** commença le bombardement qui dure encore et semble prendre tous les jours un nouvel acharnement.

Le maire de la ville avait fait placarder l'affiche suivante : ,

PROCLAMATION

REIMS, 12 *septembre* 1914.

Dans le cas où un combat serait livré aujourd'hui ou très prochainement près de Reims ou dans la ville même, les habitants sont avisés qu'ils devront se tenir absolument calmes et n'essayer en aucune manière de prendre part à la bataille. Ils ne doivent tenter d'attaquer ni des soldats isolés, ni des détachements de l'armée allemande. Il est formellement interdit d'entreprendre quoi que ce soit qui puisse être d'une façon quelconque nuisible à l'armée allemande. Afin d'assurer suffisamment la sécurité des troupes et de répondre du calme de la population de Reims, des personnes ont été prises en otages par le commandant général. Ces otages seront pendus à la moindre tentative de désordre. De même la ville sera en partie brûlée, si une infraction quelconque est commise aux prescriptions précédentes.

Par ordre de l'Autorité Allemande.

Le Maire, Dr. LANGLET.

C'était la victoire de la Marne qui était cause de cette retraite. La route de Paris leur était fermée, à tout jamais, espérons-le. Pour nous qui voyions cette retraite progresser, c'était la victoire prochaine, la rentrée en possession de l'Alsace et de la

Lorraine et de tout ce qu'ils avaient emporté en 1870.

Hélas ! c'était pour nous la veille de l'épreuve la plus cruelle ; l'anéantissement de notre village allait commencer. Etait-ce donc là ce que nous promettait la douce ' Kultur ' de ces légions infernales du Kaiser.

Victor Hugo n'eût-il pas eu raison de dire :

> ' Les Huns ont passé là
> Tout est ruine et deuil,
> Chio, l'île des vins,
> N'est plus qu'un sombre écueil.'

Ils sont toujours là, retranchés au nord et à l'est de Reims depuis leur retraite de la bataille de la Marne.

Ces parties très élevées, dans la plate et aride Champagne, toutes occupées depuis par les ennemis, constituent l'un des meilleurs points d'appui qu'ils possèdent sur tout le front qu'ils tiennent de la mer à la Suisse. Il est d'autant plus intéressant pour eux qu'il est le centre. Et, il est plus que certain que, lorsqu'ils le perdront, une répercussion se fera sentir sur tout le front jusqu'à la Meuse au moins, à leur détriment.

Il n'est pas du tout aisé à nos armées de se faire une idée très exacte des points tenus par les adversaires et de déterminer ainsi les endroits certains où commencent et finissent nos tranchées. Toutefois, il est plus que probable que les Allemands ne se sont pas servis de nos forts pour installer leurs batteries, car tout de suite elles auraient été repérées. On sait ce qu'il advient, même d'une coupole moderne quand elle reçoit des tonnes et des tonnes d'explosifs. On a vu à Liége et à Maubeuge ce qu'ont fait les canons allemands. Les nôtres sont tout aussi capables d'en faire autant, si ce n'est mieux. Nos forts de Reims démolis et de second ordre n'auraient donc pu tenir et c'est une pure erreur de dire que leur abandon causa nos malheurs.

III

LES 13 ET 14 SEPTEMBRE

‘ Animus meminisse horret . . .’
Virgile.’

Le 12 septembre, après l’alerte du matin causée par l’explosion du fort de Brimont, nous montâmes au bois qui l’entoure pour suivre des yeux un duel d’artillerie faisant rage à l’ouest de Reims, entre Saint Lié et Villedommange, dans une des parties les plus riches du vignoble champenois.

L’aviation militaire se consumait lentement sous une bruine serrée ainsi que le Parc à Fourrages de Reims ; l’atmosphère ambiante n’était qu’un brouillard de fumée à des lieues à la ronde. Nous crûmes tout simplement que c’étaient leurs adieux définitifs, un dernier souvenir, l’expression du vif regret de quitter notre riche contrée.

Vers huit heures, par une pluie torrentielle, de nombreux incendies éclairaient

la plaine devenue silencieuse nous firent
réaliser pour la première fois la guerre dans
toutes ses horreurs. Le bivouac de douze
cents Prussiens campant dans nos champs
pour la nuit nous donnèrent de funestes
pressentiments et nous vîmes que ce voisinage peu sûr nous empêcherait de gagner
la ville.

Nos amis venus chez nous pour éviter
leur contact immédiat nous rassuraient
un peu ou pour mieux dire, ils éprouvaient
comme nous la consolation d'être moins
seuls.

'La bataille du lendemain dimanche
devait être pour nous.'

Au soleil levant de ce jour maudit, des
pas précipités de chevaux résonnant sur
le pont du chemin de fer nous éveillèrent
en sursaut, et l'un d'eux se cabrant et se
rapprochant de nos fenêtres nous fit sauter
du lit.

C'étaient une patrouille de Uhlans.

Ils allaient, venaient, avançaient, recu-
laient, galopaient, comme en reconnaissance,
jumelles en mains, épiant l'horizon em-

brumé d'une délicieuse matinée de sep-

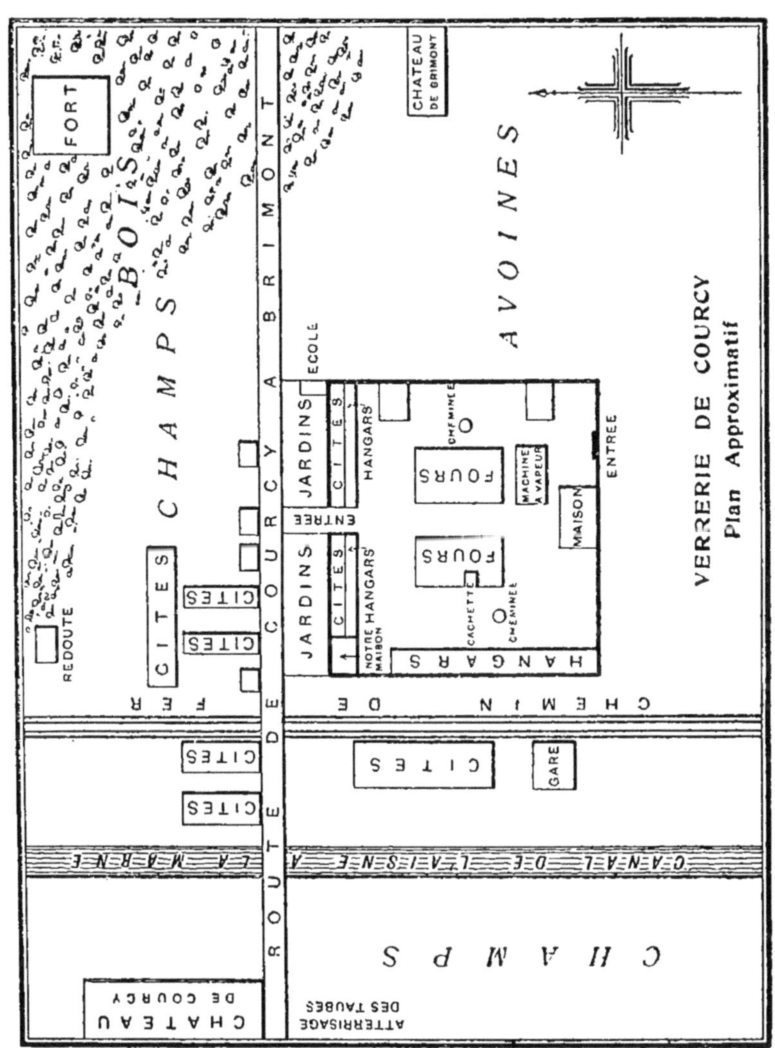

tembre. L'œil fiévreux, un sourire narquois,
un regard menaçant lancé vers les habi-

tations encore endormies augmentèrent notre perplexité déjà grande.

Après nous être tous habillés en hâte pour la messe de huit heures, une canonnade assourdissante, des coups de feu répétés, le clic clac des mitrailleuses, tout à la fois, venant comme d'un déclanchement subit, nous obligèrent à courir nous réfugier sous les fours de la Verrerie au centre de l'usine, dans des voûtes, cellules, souterrains de toute sorte qui font partie de la manufacture.

Nous n'emportions que le pain restant, pour nous 8,—deux livres, pas plus—des œufs dont quelques-uns se cassèrent et trois pots de confitures saisis précipitamment ; nous croyions y rester une heure ou deux, le temps de laisser passer ' l'orage.'

Toute notre population restante, deux cents personnes pour le moins, accoururent bientôt à demi-vêtus, les petits empoignés de leur lit, pleurant et criant, tous aussi étonnés qu'angoissés. Après une demi-heure d'épouvante continue, un jeune gars qui avait risqué d'aller, malgré la mitraille rechercher la miche de la famille et un châle ou deux, raccourut hors d'haleine en disant. 'Des soldats français sur le pont, des dragons, c'est le 20ème.'

A ces mots—des soldats français—nous nous crûmes sauvés et sans prêter attention au bruit des balles qui sifflaient, nous courûmes sur leur passage pour les applaudir les larmes aux yeux, mais quelles larmes! il faut être français pour les comprendre. Et eux, nous souriaient tout en galopant, mais ce sourire avait quelque chose d'infiniment triste et cependant plein de résignation, sous cette visière noire de leur casque d'airain.

A peine rentrés dans notre souterrain, on apportait le lieutenant de ce même détachement chez nous ; il avait été blessé à l'épaule, à 100 mètres environ d'où nous l'avions acclamé. Ses frères d'armes brisant une de nos fenêtres pour entrer, l'installèrent sur un de nos matelas, le plus proche, le meilleur, lequel fut couvert de sang peu après, trempé même sur un coin.

Nous comprîmes alors notre folle imprudence car un champ seulement nous séparait, les dragons et nous, des Allemands cachés sur la lisière du bois ou protégés par des bottes d'avoine qui jonchaient encore les terres.

Les enfants commencèrent à croquer du chocolat et nous à manger un morceau de pain bien mesuré. Soudain un bruit plus fort que les autres et un nuage de poussière nous enveloppant complètement, nous passâmes comme par instinct dans d'autres cellules, plus profondes au-dessus de notre cachette (comme pour la garder), dans l'obscurité cette fois, au centre des fours où nous serions plus en sûreté.

Un curieux risquant de sortir vit que c'était un obus—le premier d'entre des milliers—qui avait éclaté dans le mur de briques, à deux mêtres au-dessus de nos propres têtes, y faisant une brèche énorme pour aller semer dans le bâtiment lui-même ses shrapnells meurtriers qui par hasard n'ont atteint personne. Nous devons notre salut à l'épaisseur du sol et à la solidité

des briques réfractaires qui, en temps ordinaires sont couvertes de verre liquide servant à la fabrication des bouteilles. Au
même moment, des fantassins arrivant se
réfugier près de nous, nous apprirent la
mort de quatre personnes qu'un habitant
du village identifia.

La mère fut guillotinée, pour ainsi dire,
ses deux enfants réduits en morceaux et le
quatrième, un curieux, eut le crâne fendu.
Un bien dévoué alla mettre les trois premiers
sur leur lit, mais ne s'aventura pas à mouvoir
le corps du dernier qui gisait à un endroit
fort dangereux devant la porte. La journée
rendue plus longue encore par l'obscurité
complète s'écoula dans la plus grande terreur,
sans autre nourriture que nos provisions fru-
gales et poussièreuses, sans lumière dis-je
(nous ménagions le seul bout de bougie qui
nous restait), et au bruit tournoyant des
boulets, des mitrailleuses et des balles ; tous
s'entre-mêlant d'une façon affreuse, semblant
se disputer la priorité à la façon de certains
instruments dans un orchestre. Autour
de nous, les toits s'écroulaient, les murs

tombaient, la cheminée de 45 mètres s'effondra de moitié ; les bris des deux millions de champenoises attendant une vendange pleine de promesses malgré le passage des Allemands et des pillards mêlait un craquement sec au vacarme qui nous assourdissait de toutes parts.

On ne peut guère s'imaginer l'horreur grandissante de quatorze heures où chaque instant semble rapprocher la mort qui gronde menaçante et fait rage au-dessus de ses victimes qu'elle veut torturer à plaisir. Agonie véritable sans coma où les sens redoublent de vigueur pour en concevoir toute l'épouvante. Notre salut à tous est donc un miracle dont, assurément, nous bénirons Dieu jusqu'à notre dernier instant.

Lorsque la nuit imposa silence aux deux armées aux prises entre lesquelles nous nous trouvions bloqués, nous résolûmes de partir pour Reims chercher un peu de repos et respirer à l'aise, nous en étions convaincus du moins. Selon nous, le danger et le bruit n'existaient qu'à Courcy.

Trois capitaines et quinze de leurs hommes ayant déjà pris possession de notre pauvre maison où il y avait des tâches de sang partout, même sur le piano, nous rassurèrent avec cet accent de quiétude et d'impassibilité que leur communique l'habitude de vivre sous la mitraille.

'Demain vous serez tranquilles, nous dit le capitaine du 129ème, les coquins choisissent toujours la nuit pour déguerpir ; à moins, à moins . . . qu'ils ne veuillent une bataille ! Ça, ce serait autre chose ! Savez-vous qu'ils occupent une position formidable dans vos bois.'

Nous nous décidâmes donc à rester. Il était neuf heures, mais on commençait seulement à se reconnaître, on se regardait instinctivement puisqu'on ne s'était pas vu depuis le matin, sous ces voûtes obscures. Il nous restait un peu de viande, des légumes cuits mais pas de pain ; cependant la privation ne fut pas grande, car la faim était loin de nous talonner.

Nous aidâmes les soldats à faire leur consommé qui leur fut servi dans un seau, et du

café à la chicorée, véritable ' jus ' de caserne.
Ces pauvres troupiers qui venaient, eux
aussi, de passer une journée terrible pour
nous défendre, nous demandaient avec un
ton suppliant de leur donner des croûtes
(celles qu'on réserve aux lapins en temps
ordinaire). Il nous semblait dur de leur
refuser mais nous dûmes le faire, faute d'en
avoir. Une bouteille de vin blanc de Rilly
les ragaillardit un peu, mais le pain eût,
certes, été plus consistant. Ma mère leur
distribua des confitures et des biscuits en
pensant à mes frères qui étaient peut-être
dans le même cas. Nous allâmes avec une
lanterne, ramasser de la paille d'emballage
pour leur faire une couche bien au chaud,
dans notre buanderie, après avoir brûlé les
vêtements noirs de sang du lieutenant
blessé au début de la bataille.

Cela ressemblait beaucoup à l'hospitalité
que nous offrîmes aux troupes à la Revue
du Tzar, mais l'état moral de tous était
infiniment changé.

Deux brancardiers portant une civière
vinrent du château de Courcy transformé

en ambulance pour y emporter un blessé et après l'avoir guidé avec une bougie (la lanterne était partie ailleurs) dans tous les hangars remplis de bouteilles, nous apprîmes avec soulagement qu'on avait pu le descendre dans une cave.

Nous nous heurtions dans les fils et poteaux télégraphiques tombés, dans des tuiles, des tessons de verre, etc., et l'ennemi campait autour de nous. Chaque espace libre entre deux maisons nous faisait ramper en frissonnant de peur.

D'autres amis vinrent nous demander ce que nous allions faire et on sentait que tous n'avaient d'autre souci que de prendre conseil de son voisin et de se rapprocher de lui.

Nous fûmes les seuls à rentrer chez nous, tous nos compagnons d'infortune passèrent la nuit dans les cellules dont on devine l'état malsain après une journée et une nuit complètes sans la moindre ventilation.

Le capitaine que nous devions hospitaliser condescendit à coucher sur le beau matelas maculé de sang, dont nous n'eûmes pas longtemps à déplorer la souillure glorieuse.

Quel souvenir que cette dernière soirée au foyer, quelle confusion, quel désordre, quel grouillement ! Rien ne pourrait en donner une idée. Dans toutes les pièces du bas, des gens, des soldats, des sabres, des havresacs, des képis, une cruche à lait vide abandonnée par la laitière, le seau pour la soupe, nos ballots, nos habits, un petit lapin blanc même qui fut envoyé trop tard pour servir de souper aux officiers.

Loin de nous cependant la pensée que, pour la dernière fois, s'offraient à nos yeux ces meubles et tableaux avec lesquels les parents ont vécu et qui ont donné aux enfants tout petits des impressions inoubliables parce qu'elles furent les premières.

On dormit peu ou pas du tout, l'énervement était trop intense, l'angoisse trop poignante et de plus, le canon ne cessa jamais entièrement de gronder. 'Un officier amusant l'ennemi,' nous avait-on prévenu avant d'aller nous reposer.

Le 14, au lieu de partir au point du jour comme il était décidé, une fusillade éclatant subitement de tous côtés, comme les mille voix d'oiseaux au lever du soleil, nous fit rejoindre nos abris souterrains. Ils n'étaient qu'à 60 mètres de notre habitation, mais le capitaine nous conseilla de ramper même pour cette courte distance. Nous nous mîmes à maugréer contre lui qui nous avait empêchés de fuir dans l'ombre protectrice de la nuit, car la perspective d'une seconde journée semblable à la précédente était à nous rendre fous.

Une petite heure après, un sergent vint nous prévenir avec mille ménagements que notre cher ' home ' flambait. Il nous offrit d'aller avec ses hommes sauver ce que nous voudrions, mais nous ne voulûmes pas risquer d'avantage la vie de ces braves soldats qui courent déjà tant de dangers.

Un obus français avait frappé un coin du pignon qui dépassait en hauteur les maisons dont la nôtre commençait la file. En cinq minutes, le grenier fut embrasé. Nous n'osâmes même pas aller regarder par l'entrée de la voûte, mais quel crève-cœur à l'idée que cette odeur de brûlé était la fumée de nos meubles qui se consumaient et de tout ce qui nous rappelait la vie de famille.   Il faut avouer cependant que nous ne songeâmes pas, autant qu'on serait en droit de l'attendre, à ce désastre ; les engins de mort tonnant au-dessus et autour de nous, nous donnaient des instants de démence. Et les soldats de dire : ' Mais ce n'est rien, nous en avons vu bien de l'autre, nous sommes à l'abri ici, regardez donc l'épaisseur de vos murs.' ' Ne pleurez pas les mioches, on va vous faire de la soupe et du jus.'

En effet, grands et petits, nous reçûmes bientôt un verre de soupe, pas mauvaise et bien chaude qu'on avalait sans appétit, car tout le monde connaît la cuisine des casernes où ce sont les moins propres qu'on nomme cuisiniers.

On craquait des allumettes pour voir l'heure ; les montres paraissaient s'arrêter et croyant que midi approchait, nous vîmes qu'il était neuf heures cinq. Les bébés criaient à l'envi, les enfants entassés par douzaines se taquinaient, se frappaient, se disputant un coin où la paille était plus ' belle ' tout comme s'ils voyaient où ils étaient ; on ne pouvait apaiser les premiers qu'avec de l'eau sucrée, les autres qu'avec du chocolat. Dans des moments d'extrême tension, ce qui devrait passer inaperçu prend des proportions inouïes pour augmenter le tourment de l'esprit. La situation devenait intenable.

Les fantassins qui venaient de faire une attaque autour de nos murs essayaient de nous distraire en disant que les Prussiens tombaient comme des mouches (et les nôtres ?). Ils les voyaient s'avancer lentement, dressant devant eux les bottes d'avoine qui avaient l'air magiques, ou tirer des fenêtres du château de Brimont pillé par deux de leurs officiers (de noblesse allemande) pendant l'occupation. C'est à ce même château que fait allusion le paragraphe suivant, extrait d'un journal de Genève :—

' Un correspondant du journal a pu passer en novembre dernier quelques heures au quartier général de l'armée allemande qui opère contre Reims. Le même personnage a pu pénétrer dans le château de Brimont dont il décrit la mine. Seule, la chapelle, est intacte. Il y a sur l'autel, bien en vue, un magnifique calice en argent. Ayant emporté le reste, les Allemands ont mis à la porte de la chapelle un écriteau sur lequel un peut lire ceci : " Nous sommes allemands, nous craignons Dieu et nul autre au monde ; celui qui touche à l'argenterie de l'autel est un sale chien." Le calice a été jusqu'ici respecté.'

Vers trois heures et demie, on nous passa l'ordre formel de parler le moins possible et d'éteindre nos lumignons, car l'ennemi fomentait une attaque sous nos voûtes. Ce fut alors que les enfants redoublèrent leurs clameurs, voulant se sauver dans les champs. Cette fois, nous nous crûmes perdus pour tout de bon et dans notre frayeur folle nous nous resserrâmes pour être frappés par les balles en même temps et recommandant notre âme au Dieu des Miséricordes, la mort dans le cœur à la pensée de ceux qui, là-bas, bravaient la mitraille pour nous en préserver et qui ne nous reverraient plus.

Les hommes étaient les plus pâles, leur

figure décomposée, leur langue paralysée et leurs jambes fléchissantes les faisaient courber inconsciemment sous le coup imminent de la mort, cette grande faucheuse avide de proies innocentes. ' Dieu nous à sauvés ! '

Les seuls Prussiens que nous vîmes alors furent deux gaillards penauds hauts et maigres, qui se constituèrent prisonniers. Quel spectacle impressionnant que ces deux grandes silhouettes passant entre nous, les bras ballants tandis que leur casque à pointe éraflait la paroi supérieure de la voute crayeuse, foulant aux pieds notre cachette à laquelle ils étaient loin de penser. Ils s'endormirent bientôt, les jambes pendantes assis près d'un jeune caporal blessé, après que nous leur eûmes partagé quelques croûtes, car les malheureux mangeaient de l'avoine depuis deux jours. C'étaient deux ennemis, mais on ne pouvait s'empêcher de les plaindre, car ils étaient tous deux pères d'une nombreuse famille. On voyait, par la manière dont ils regardaient et caressaient les petits enfants, amusés par leur casque légendaire, qu'ils n'étaient pas sans songer aux leurs.

L'heure s'avançait enfin. Nous résolûmes de fuir coûte que coûte, au risque d'être tués, nous le savions, mais il était impossible de rester davantage, sans air et sans lumière et dans une inquiétude mortelle.

L'officier du détachement nous y obligea même ; nous ne pouvions obtenir de pain, le lendemain s'annonçait orageux ; il ne nous le faisait que trop pressentir en s'efforçant de le cacher.

Ce fut le soir, à dix heures, qu'une sentinelle eut la mission de nous accompagner (quatre-vingts personnes en colonne) et de nous laisser, quand nous aurions traversé tout le village. Ce troupier nous laissa trop tôt et sans nous prévenir. Ne le blâmons pas ; qu'aurait-il fait si les Allemands avaient choisi de tirer sur nous en passant à quatre cents mètres de la lisière des bois où ils étaient à l'affût comme de vrais tigres à l'entrée de leur tanière.

Notre fuite précipitée ne nous empêcha

pas de voir quelques dégats causés autour de nous ; murs effondrés, tuiles cassées, arbres sciés irrégulièrement, etc.

Nous passâmes rapidement devant notre maison détruite, vrai squelette dont les quatre grands murs étaient percés d'outre en outre. Plus de volets, des ouvertures informes en place de fenêtres, du platras et les gouttières tordues sur les héliotropes et les sauges du petit jardin d'agrément qui, le matin même, était encore si coquet. L'intérieur évoquait d'une façon trop cruelle tout ce qui nous fut familier par sa nudité désolante où achevaient de se consumer quelques fumerons, qui donnaient une teinte lugubre aux murs blanchis ici, noircis là.

En traversant le village, un caisson vide traîné par deux chevaux emportés nous serra contre un mur, ma mère et moi, et ce fut à grand'peine qu'on nous dégagea saines et sauves. Il faillit écraser deux personnes qui venaient de tomber dans les fils télégraphiques invisibles sur la route et formant de part et d'autre un enchevêtrement inextricable.

On respirait, on trouvait même la force de courir et de demander à son voisin de marche quelle maison brûlait ici et là.

La nôtre fut la première victime du village, mais toutes sans exception eurent le même sort. Des panaches d'étincelles tourbillonnaient dans l'air comme échappées d'un foyer d'enfer ou de celui d'une terre maudite. Dans la plaine, la nuit aurait été sombre sans une vingtaine d'incendies de meules et de fermes qui éclairaient très bien notre fuite à travers champs, pénible course où nous avons eu chaud à traîner les invalides et à porter les petits et les malades.

Combien de bombes non explosées avons-nous évitées dans ces terres qui séparaient les camps ennemis! Mais nous ne pensions à rien qu'à respirer le grand air, et à mettre instinctivement la main devant notre visage au bruit des coups de feu qui déchiraient l'atmosphère par intervalles.

Après bien des difficultés, les champs étant encombrés de fils télégraphiques, de tronçons d'arbres sur le bord des chemins, de chevaux morts, de harnais et de sacs perdus ou abandonnés (la vue seule des cadavres nous fut épargnée) et après avoir craint bon nombre de fois, que les Allemands, dont les searchlights scrutaient l'horizon, ne tirent sur nous en nous méprenant pour une colonne de soldats, nous atteignîmes les premières portes de Reims.

A la Neuvillette, il nous fallut nous disputer avec une sentinelle, qui, selon elle, ne devait laisser entrer personne sans passeport. Je crois qu'on l'aurait lapidée pour passer outre, car on venait de trop peiner pour consentir à se réfugier dans les meules comme elle nous l'ordonnait. Nous arrivâmes chez nos amis vers minuit, après nous être perdus dans les rues plongées dans une obscurité complète. Notre pauvre population alla dans des asiles de nuit où on trouvait toujours une place pour les nouveaux venus.

Nos amies, la mère, son fils et sa fille, ma belle-sœur, ne voulaient pas nous ouvrir, croyant à des rôdeurs de nuit. Ce ne fut qu'après avoir reconnu notre voix que tous trois nous accueillirent dans leur logis en déplorant avec nous le sinistre de notre maison et en compatissant à notre épreuve du jour.

IV

LE BOMBARDEMENT DE REIMS

' Qu'un incendie est beau lorsque la nuit est noire !
Erostrate lui-même eut envié ma gloire,
D'un peuple à mes plaisirs qu'importent les dou-
  leurs ?
Il fuit ; de toutes parts le brasier l'environne . . .
Otez de mon front ma couronne,
Le feu qui brûle Rome en flétrirait les fleurs.'

(Chant de fête de Néron.)

Après les souterrains la cave, après la mitraille le bombardement, après l'espoir la déception. Voilà le résumé de notre court séjour à Reims avant notre fuite définitive loin du son du canon.

Nos longues journées se passaient en grande partie dans la cave voûtée, privilège que nous partagions avec les voisins moins fortunés. Nous étions 18 tous assis sur des caisses vides retournées, peu confortables. Au début on sommeillait adossé aux murs blanchis ou on échangeait quelques paroles à voix basse pour ne pas éveiller le bébé de cinq semaines qui partageait notre sort, emmitouflé dans des châles. On l'installait souvent dans une caisse sur deux oreillers moelleux après l'avoir enveloppé dans une couverture ; c'était lui le moins malheureux, car il ne nous faisait pas trop souffrir d'être dérangé de ses habitudes.

Quelques ballots contenant l'urgent en fait de linge, nous servaient de coussins en adoucissant un peu nos sièges improvisés. Une lampe qui consumait peu (le pétrole était introuvable) éclairait d'une lueur blafarde nos visages émaciés qu'elle rendait plus soucieux.

Des pelles et des pioches de toute dimension étaient dressées dans un coin, dans le cas où, la maison écroulée, nous devions sortir de notre prison de sûreté par une ouverture forcée. Il n'y manquait que des provisions de bouche pour la raison que les commerçants limitaient les vivres, le pain surtout, et de ce que nous ne voulions laisser quoi que ce soit derrière nous si une alerte survenait. Les bombes tombaient comme des averses de grêle, avec des intervalles plus ou moins longs, peu appréciables, étant incertains.

Elles sifflaient déjà en cinglant l'air comme un vigoureux coup de fouet puis, après quelques secondes d'arrêt, l'explosion se produisait avec le fracas d'un monceau de briques tombant sur une plaque de tôle.

Chaque jour enregistrait de nouvelles victimes dont la plupart trouvaient la mort par imprudence, dans les rues, car rien ne guérit la curiosité humaine, au contraire le danger l'attire.

Et puis il fallait manger. En rasant les murs, on se faufilait chez le boulanger, chez le boucher. Hélas ! combien nombreuses furent les pauvres mères de familles qui tombèrent dans cette course à la vie.

Les moments d'accalmie, dus sans doute à la fatigue de nos bourreaux, étaient accueillis avec joie. On avait besoin d'un horizon plus étendu, de lumière, d'air pur et de ciel bleu.

C'est alors qu'on voisinait, en ville ; on se colportait les nouvelles, les bruits qui couraient et se dénaturaient de bouche en bouche. Des soldats au repos ou rapportant des blessés nous répétaient sans cesse : ' C'est la fin ; ils sont délogés de Vitry—on attend la nuit pour une attaque à la baïonnette—, etc., etc.' On les croyait par besoin car on était arrivé à la limite de ses forces et ont disait même : ' Qu'ils avancent ou qu'ils reculent, mais que nous ne souffrions plus.'

Les repas étaient sommaires ; le pain distribué avec réserve, les légumes peu cuits ou rendurcis, selon le soin qu'on avait pu donner à leur préparation. Il nous arrivait parfois de remonter tout notre attirail croyant à la fin de la torture et être obligés de le redescendre dix minutes après. Etant nombreux, nous nous faisions la chaîne et la chose allait rapidement. Du reste on n'avait pas autre chose à faire que d'aligner les paquets. Si l'on avait eu des journaux, l'ennui aurait été adouci, mais le moment n'était pas venu de rattacher Reims avec les autres villes plus fortunées.

A quelques maisons de la nôtre un inconnu, tué en passant, resta huit jours dans le fond du jardin, en attendant qu'on vînt l'identifier.

Personne ne sortait, hors les curieux, et la police était sage de ne pas s'aventurer.

Une des scènes les plus impressionnantes fut celle d'une charrette à moisson contenant 4 cercueils alignés, et recouverts d'un drap mortuaire, courant irrévérencieusement au lieu des sépultures, sans clergé, ni suite pieux, comme il est d'usage en France même pour les indigents et les seuls au monde.

Des batteries françaises, des 75, postées à trois cents mètres de notre habitation, par leur canonnade sans trêve, nous mettaient dans un état d'énervement impossible à réaliser et nous faisaient sauter inconsciemment. Tout tremblait autour de nous, même le vin dans les bouteilles et il ne fallait pas omettre de laisser les portes et les fenêtres ouvertes afin d'éviter le bris des carreaux. Une autre précaution, suivie par beaucoup, fut celle de protéger les glaces en y collant du papier.

Nous trouvions des éclats d'obus partout : dans les rues, dans les jardins et parfois de minuscules dans le calice des fleurs. Combien étaient tâchés de sang !

Les bombes incendiaires faisaient moins de tapage que les autres et laissaient de longues traînées de soufre là où elles avaient mis le feu.

Notre quartier du faubourg de Laon, bien que visé à cause des casernes Neufchâtel, a été peu éprouvé pendant notre séjour.

Un engin seul est tombé dans une coquette maison presque en face de notre logis. Il a percé le mur de l'étage supérieur et détruit les six pièces pour aller éclater dans le jardin. Les meubles n'étaient qu'un ramas d'esquilles perdues avec les débris de porcelaine sous la poussière épaisse des cloisons écroulées. Les propriétaires, le mari et sa femme, échappèrent à la mort par miracle. Entendant le sifflement avant-coureur, ils fermèrent la porte du corridor, et ce fut pendant ce court instant que le ravage se produisit dans cet appartement meublé avec un goût exceptionnel. Comme devant les signes de la fin du monde dans l'Evangile, sans même se retourner, ils s'enfuirent chez des amis.

Les maisons de Vins de Champagne : Pommery, Werlé, Heidsieck offrirent un abri sûr au public, dans leurs immenses caves à deux étages, véritables rues souterraines de plusieurs kilomètres de long. Ce refuge fut accueilli avec joie et au début du bombardement, de nombreuses familles y sont restées une semaine, jour et nuit, malgré les mille inconvénients qu'offrait le contact d'une population de toute classe dans ce grouillement inévitable. Dans des coins, lugubrement obscurs, on remarquait de pauvres vieillards, ombres d'eux-mêmes, ou des malades, vraies épaves humaines, gisant sur des matelas peu confortables, ne trouvant ni repos ni guérison au sein de cette atmosphère nauséabonde et épidémique.

Riches et pauvres s'y entassaient sans distinction de rang, car là seulement les obus ne pourraient faire de dégâts. Quant à nous, les journées, passaient tant bien que mal, mais les nuits ! Quel cauchemar de ne pouvoir compter sur une heure de ce sommeil réparateur dont on avait tant besoin. On se sentait mourir à petit feu, de fatigue, de frayeur et du souci des nôtres. Bien souvent, au moment de monter nous reposer, il nous fallait redescendre à la cave jusqu'à une heure avancée sans pouvoir nous assoupir malgré notre affaiblissement extrême.

Lorsqu'une accalmie quelque peu durable nous permettait de nous coucher, les uns s'étendaient sur leur couche tout habillés ; les autres risquaient de se déshabiller pour se délasser mais devaient lier leurs vêtements ensemble, et ce fut plus d'une fois, qu'éveillés en sursaut nous dûmes dégringoler quatre à quatre ces vêtements à la main, au son habituel des boulets que la nuit éclairée d'incendies rendait lugubre et plus effrayant.

Quelques uniformes d'employés de chemin de fer et de facteurs paraissant revenir d'outre-tombe nous faisaient espérer la reprise des trains et de la poste. Quelle impression de vide et d'abandon produit une ville où cesse pendant des mois le sifflement aigu de ces convois qui lui apportent la vie et le mouvement. Il semble que l'on recule dans la civilisation. Que de questions l'on échangeait, que de réflexions l'on entendait ; que de ' je me demande,' 'enfin, les Russes doivent approcher de Berlin,' etc., etc. Notre intelligence sans occupation prenait plaisir à inventer, à supposer ; le tout, on le devine n'était qu'un espoir qui est encore à se réaliser et en devient tous les jours plus chers.

Comme il avait raison le philosophe ancien qui écrivait : ' La moitié de la vie de l'homme consiste à espérer et à attendre.'

Et sans cesse de nouvelles déceptions, de nouvelles frayeurs et de nouvelles victimes. Certains habitants allaient tuer le temps dans des tranchées creusées dans les champs et abandonnées, malgré la pluie, là où les bombes ne parviendraient pas et les plus braves rentraient chez eux le soir pour coucher dans les caves ou les sous-sols.

Il faut que vous sachiez qu'avant de viser la cathédrale, les Allemands avaient pris pour but les écoles, les asiles de vieillards, les hôpitaux et les ambulances, et aussi les cités ouvrières où la population civile est le plus dense. Voilà comme ils entendent la guerre ! La ville morte avait l'aspect d'un dimanche ; dans les rues, des pans de murs atteints menaçant de s'écrouler malgré les étançons, des monceaux de verre sur les trottoirs, ravages des éclats d'obus, des fumerons au milieu des décombres des magasins incendiés, des chevaux morts où les pauvres découpaient des biftecks, et de place en place, des rigoles rouges de sang servant d'enseigne aux ambulances improvisées chez les particuliers compatissants. Les magasins d'alimentation vides étaient fermés, les autres, à part quelques-uns, l'étaient également, faute de chalands. On était tenté de dire, à la vue des parfumeries et des confiseries : ' quel gaspillage.' Quelques commères seules bavardaient sur leurs portes et les ' on dit ' allaient bon train ; les enfants terribles jouaient à la guerre, se taquinaient, s'insultaient par le qualificatif ' monstre prussien ' ; voilà, en un mot tout ce qui donnait un peu d'animation à certaines rues des boulevards.

Le 19 fut le jour maudit. Vers cinq heures du soir après un bombardement intense, une accalmie nous permit de monter dans les greniers comme nous le faisions en fait de ' récréation ' pour scruter l'horizon embrasé, avec des jumelles d'artillerie.

La veille nous avions vu notre cher village continuer à se consumer et la démolition du moulin qui, lui, devait servir de point de repère. Ce soir-là, le crépuscule d'automne avait au-dessus de la ville une teinte rosée, nous semblait-il. Celui de nous qui avait précédé les autres redescendit bientôt pour nous dire, la voix pleine d'émotion : ' La cathédrale est en feu.'

Oh ! quel spectable horrible, incroyable. L'immense basilique était invisible en partie, enveloppée de flammes ou perdue dans un nuage de fumée noire. La dentille de pierre qui bordait la toiture se détachait finement par endroits comme pour se montrer une dernière fois au monde civilisé avec toutes les autres merveilles de ce monument historique voué à l'outrage et à la dévastation.

Non, pour l'anéantir complètement, il faudrait que la terre s'entr'ouvrit !

On oubliait, semblait-il, toutes les frayeurs passées pour ne songer qu'à l'âme de la vieille cité qui . . . s'en allait ! Espérons que l'esprit des rois de France qui y furent couronnés, l'âme de Jeanne d'Arc qui l'a rendue plus fameuse, plânaient au-dessus de cette merveille du moyen âge pour tenter de fléchir la colère de Dieu, le plus sublime outragé, en faveur de ces légions exécrables ou immondes. Ces fils du Kaiser admiraient-ils de loin, de notre village en particulier, cette fête d'une Rome de Néron.

L'incendie se continua toute la · nuit, éclairant nos chambres même, après s'être communiqué à une vingtaine de maisons avoisinantes.

Des prisonniers allemands placés tout exprès dans la nef pour la protection de la basilique, tous ne purent s'échapper malgré les secours qu'on leur porta sous le plomb fondu qui coulait et les flammes qui s'étendaient rapidement et sans merci. On retrouva le lendemain les os carbonisés de plusieurs de ces infortunés qui périrent de la main même de leurs compatriotes. Comme des fauves, ils hurlaient d'épouvante et de douleur en voyant la mort les saisir sans merci.

Les échafaudages qui couvraient alors le portail sur le côté ouest prirent feu et contribuèrent à l'effritement irréparable des fines statues qu'on ne saura jamais remplacer si on entreprend de les restaurer.

Le feu a volatilisé la patine archicentenaire, la tour de gauche a maintenant des tons d'argile cuite et la pierre surchauffée se délite.

Le fer a massacré son imagerie, cassé ses ogives, effeuillé les roses multicolores de ses vitraux. Anges, saints, prophètes ont subi les plus affreux outrages ; leurs membres jonchent le sol. Le Christ d'un des portails n'a plus de tête ; les Juifs l'ont crucifié, eux le décapitent ; l'histoire qui accepte aussi les symboles, enregistrera ce fait, à dix-neuf siècles de distance.

Chaque obus qui tombe sur Reims et sur sa cathédrale est un article que le Kaiser

et les siens ajoutent à leur jugement.
Puisse cette pierre sacrée porter ce jugement
jusqu'à ce qu'elle cesse d'être pierre.

Et serait-elle poussière, comme à Louvain,
que les peuples qui défileront sur cette place
puisse s'écrier :

' Ceci fut fait par les Allemands en 1914.'
Alors, les sauvages comprendront ce que
c'est qu'un Barbare.

V

INCIDIT IN SCYLLAM

'Incidit in Scyllam, cupiens vitare Charybdim.'

POUR terminer mon récit, je vais vous donner un extrait du journal de Monsieur Roland, un ami de Villevenard, hameau très proche du lieu décisif de la bataille de la Marne.

Je le présente comme ayant une relation intime avec notre épreuve, car c'est là que nous avions décidé d'aller nous réfugier à l'approche des Allemands vers le premier septembre, pour ne plus entendre le canon qui grondait jour et nuit. Vous en conclurez que d'une façon ou de l'autre nous devions souffrir, et pourrez choisir ensuite quelle alternative vous auriez préférée. A mon avis, l'une fut aussi terrible que l'autre d'un sens, mais Villevenard est encore debout, tandis que Courcy n'existe plus que dans notre cœur, en attendant la résurrection qui se fait bien désirer.

Avant tout, suivent quelques explications sur les grottes préhistoriques découvertes par Monsieur Roland, lesquelles out joué un rôle si important en ces jours inoubliables des 5, 6, 7, 8, 9 et 10 septembre 1914.

Les grottes de Villevenard creusées dans la craie et sur la déclivité du terrain, ont des formes et des dimensions différentes ; cependant toutes les sept ont leurs ouvertures sur le midi et ont une antégrotte ou péristyle.   Une de ces antégrottes est ornée de modestes dessins au charbon représentant une grille et une pelle. Ces dessins au charbon sont les premiers de cette nature qui aient été révélés.

Les savants ne sont pas tous d'accord sur la question de savoir si les grottes explorées ont servi de refuges ou d'habitations avant d'être affectées aux sépultures. Elles ont pu être construites, il y a environ 5000 ans pendant la période néolithique.

Dans ces grottes ont été recueillis des squelettes appartenant à des races primitives, à des races venues postérieurement et à des races mêlées. On y a trouvé aussi nombre

de haches en pierre polie, des flèches à tran-
chant transversal, des pointes de flèches,
des instruments divers en pierre ou en os,
des parures ; on n'a vu aucune trace de
bronze ou de fer. Les savants les plus
érudits comme les plus consciencieux vous
diront que ces objets se rapportent à la
période néolithique, durant laquelle la tem-
pérature, la faune et la flore se rapprochaient
aussi sensiblement de celles de nos jours.

A cette époque, les hommes habitaient des
grottes, des huttes et aussi des cités lacustres.

Les marais de Saint Goud, à jamais
célèbres par leur inondation voulue, cause
de la défaite des envahisseurs, devaient for-
mer dans les siècles écoulés, un grand lac
dont les poissons servaient de nourriture à
nos ancêtres qui ont du constituer, sur les
eaux, certaines de leurs demeures.

Leur intelligence instinctive leur commandait de prendre soin des défunts, et c'est
pourquoi ils ont été amenés à rechercher
dans le flanc de ces coteaux des endroits
convenables et sains pour y déposer leurs
dépouilles à l'abri de toute profanation. Ils

ont donc creusé avec des instruments peu maniables ces couloirs, ces chambres souterraines avec une patience, une persévérance inconnues de nos jours.

La visite de ces grottes prend des proportions gigantesques mais elles seraient plus connues si elles étaient plus près d'un grand centre.

.   .   .   .

BATAILLE DE LA MARNE À VILLEVENARD

Samedi 5 septembre. Des troupes de toutes armes défilent vers les marais. Des blessés font connaître que l'artillerie allemande placée à Montmort, les a canonnés à Etoges. Vers $3\frac{1}{2}$ h. du soir, le canon se rapproche ; il est décidé de chercher un refuge dans les grottes à 300 mètres du village, sur le flanc de la colline du Chenaille. Quinze familles y partent avec quelques paquets de leurs objets les plus précieux. Le canon tonne sur Coizard, la fusillade et la mitrailleuse s'entendent distinctement. La nuit à partir de 7 heures est calme.

Dimanche matin 6 tout est silencieux et désert. Nous croyons tout danger écarté, aussi redescendons-nous au village pleins de confiance à 6 heures du matin. Nous assistons à une rencontre d'avions ; l'allemand venant d'Etoges, le français vient à sa rencontre ; coups de fusils entendus. Retraite du Taube. J'ai proposé au génie de lui lancer une fusée paragrêle.

Nous montons sur le plateau, examinons la plaine. Aucun soldat, aucun bruit. A peine sommes-nous de retour à la maison, le canon se met à donner sur Courjeonnet et Congy ; la véritable bataille commence. Nous emportons précipitamment quelques objets et nous retournons, moins nombreux, aux grottes. La canonnade devient de plus en plus intense, l'incendie s'allume dans les hameaux voisins.

Lundi 7. Pleine bataille, les obus passent au-dessus de nos têtes avec un bruit d'enfer. Trois Allemands viennent s'installer, pour tirer, sur les marches de la grotte après avoir inspecté l'horizon, ils repartent. Ils ne comprennent pas le français. A ma demande : ' Allez-vous tirer ? faut-il rentrer là-dedans ? ', ils ne répondent pas. Un avion français passe dans la journée et vient reconnaître l'emplacement des pièces et les positions de l'ennemi. Le soir, de petits globes lumineux, des signes, se distinguent en rose et semblent flotter au-dessus des batteries.

Le facteur-receveur retourne au village à deux heures du soir chercher des provisions avec le charron. Il revient seul et retourne à 6 heures du soir ; il a rapporté un peu de pain, une bonbonne de 7 litres de vin, des cornichons, des pommes de terre, du chocolat, des œufs, une lampe à alcool.

Le temps est beau, un peu froid dans la nuit, les incendies se continuent et la canonnade tonne presque sans arrêt

Mardi 8. Canonnade intense, le marais n'est qu'un brouillard de fumée, les obus pleuvent sur Oyes, Reuves, Mondemont. Les Allemands descendent, espacés, les pentes des vignes à deux cents mètres de nous, en tirailleurs. Derrière les maisons du village, ils fourmillent, on les voit s'avancer aussi vers le marais.

Le 75 arrive maintenant dans les pentes

du Chenaille, et au-dessus des vignes de Oyes. Dans l'après-midi, des pièces allemandes sont passées entre Oyes et Saint-Prix ; on les voit, attaquées, par des obus français. A midi, nous sommes dans le couloir des grottes ; un officier allemand, jeune, parlant un excellent français, sans accent, me dit : ' Que faites-vous ici ?

— Notre devoir, nous sommes à l'abri du bombardement avec des femmes et des enfants.

— Pourquoi regardez-vous toujours ？ On vous voit à chaque instant ?

— Nous regardons si ça se passe.

— Qu'est-ce que c'est que cela ?

— Ce sont des grottes préhistoriques.

— J'ai la mission de fouiller.

A ces mots les gens curieux et bavards sortent tous.

'Vous pouvez fouiller, vous ne trouverez rien.'

Une femme est malade, il lui dit de ne pas se déranger. Les soldats qui accompagnent l'officier nous font rentrer ; deux hommes en avant délient les bottes d'avoine

et cherchent partout ; l'officier décroche
la bêche du sac d'un de ses hommes, il
cherche à creuser, scrute les parois et la
voûte tout en demandant en quoi c'est fait.
Le linge, les ustensiles, ne sont pas touchés.
Le facteur seul, est palpé. A un moment
donné, un soldat trouve une grosse jumelle
dissimulée dans la paille et la tend à l'officier.
Le facteur me dit :

   'Monsieur Roland, c'est votre jumelle.

   — Oui, c'est ma jumelle.'

L'instant est critique pour nous. L'officier
la regarde, l'examine et . . . nous la rend.
— Nous respirons.

Les femmes et les enfants peuvent rentrer.
Nous, les hommes, devons marcher en avant
et entrer les premiers dans les autres grottes.
Arrivés à la 2ème, sur le commandement de
pénétrer le premier, je réponds que je ne
peux pas, l'ouverture étant trop étroite.
Ils se contentent alors d'examiner le fond
de la grotte en jetant des allumettes tisons.
Au moment où nous nous sommes groupés,
nous avons été probablement aperçus des
Français ; un obus arrive et éclate et les

Allemands de faire avec un parfait ensemble un saut penché de côté. L'officier un peu plus brave ne fait qu'un léger mouvement et nous dit : ' Il ne faut pas avoir peur, ce n'est rien cela.' Je réponds : ' Je n'ai pas peur, mais il ne faut qu'un coup pour tuer un loup ; tout cela, c'est l'effet du hasard.'

Les deux dernières grottes sont examinées également avec soin. Deux médailles de bronze et de vermeil perdues le samedi et m'appartenant sont retrouvées dans la paille.

L'officier me dit : ' Agriculture, c'est à vous,' et il me les rend.

Je suis resté dehors sur les marches pendant la dernière perquisition. Un jeune soldat de 20 ans à peine, debout en haut se campe d'un air suffisant, les pouces passés dans son ceinturon, regarde, d'un air de dire : ' C'est nous.'

Un plus âgé se tient près de moi ; il peut avoir 35 ans, il a l'air grave, presque timide, tire sa montre à boitier de corne et me montre *midi cinq*. Il veut parler : midi ici, Paris là, et il montre la grande aiguille à une heure. Je lui réponds oui. Il se figure que Paris est à 5 kilomètres derrière les marais qu'il aperçoit devant lui, et que les Français défendent l'approche de Paris. La perquisition est terminée. Je demande à l'officier si nous devons descendre au village ou rester ici. Il me répond : ' Vous pouvez rester ici, vous êtes peut-être plus en sûreté, on ne sait pas ce qui veut arriver.'

Je lui demande s'il y a un médecin pour notre femme malade.

' Je ne sais si celui du régiment est au village ; si je le trouve, je vous l'enverrai.' Nous n'avons rien vu.

J'ajoute : ' Voilà des chevaux morts dans la plaine, ils sentent mauvais et peuvent amener des épidémies.

— Qu'est-ce que vous voulez ? Partout où nous passons, c'est la même chose. C'est triste, la guerre, surtout celle-ci qui n'était pas nécessaire ; on pouvait facilement s'en passer.

— Vous parlez très bien le français ! Etes-vous venu à l'école en France ?—Non.' Sur ce, ils défilent vers le village en s'égayant. Le facteur veut redescendre aux provisions en profitant de la nuit. Nous nous y opposons et nous avons bien fait ; il se serait embarrassé dans les fils téléphoniques posés à terre en travers du chemin et reliant les batteries au poste du Chenaille.

Mercredi 9. La bataille fait toujours rage, les incendies continuent. Nous n'avons pas de pain, les enfants ont un reste de chocolat, les grandes personnes un verre de vin. La situation de la malade devient de plus en plus inquiétante. Comment va-t-on faire ? J'évacue la grotte avec une femme, tous les enfants sous la pluie d'obus qui arrose la colline de Chenaille au-dessus de nous ; nous gagnons au plus tôt la 1ère grotte près du chemin.

Le combat devient de plus en plus violent, les obus rapprochent. Dans l'après-midi, nous croyons être tués, des shrapnells arrivent sur les toitures des grottes, les enfants pleurent.

De dix heures du matin à la nuit nous sommes sans nouvelles de nos compagnons

des autres grottes. Un moment d'accalmie,
nous ouvrons et sortons. Un Allemand,
fusil à la main, âgé, tirant la jambe, passe
en courant près de nous, descendant vers le
village et le marais. Il dit : 'Bonjour,
Madame,' d'une voix très douce.

Nous n'osons sortir.

La nuit tant attendue arrive, le canon
français tonne toujours de l'autre côté et
balaie les pentes. Il fait sombre ; je
décide d'aller sous une pluie fine qui tombe
depuis quelque temps chercher des radis
dans le champ de betteraves voisin. Je
sais qu'il y en a. Je me traîne jusque-là
avec mes pantoufles dans la terre grasse,
je guette ; l'ennemi passe à 50 mètres sur
la route de Congy, j'entends les voix et les
commandements, et je crains qu'il n'arrive
par le chemin de traverse où je suis, ou
encore de tomber dans une vedette.

Je tâte les feuilles pour reconnaître et ne
pas me charger de betteraves ; j'ai perdu
mon couteau ; agenouillé je tire à pleins
bras et ce n'est pas sans efforts que je déra-
cine deux radis noirs et un navet. Je

retourne vivement, j'en jette à notre grotte et je cours en porter un là-bas en haut.

Je crains que les obus n'aient fait du ravage. Je n'entends rien. Enfin on m'ouvre à la grotte, tout va bien ; l'état de la malade n'a pas empiré et nous pouvons tous revenir. Chacun calme sa faim avec des rondelles de radis. Le facteur boit le reste de vinaigre du bocal à cornichons. Une longue suite de chariots descend au pas chercher les blessés. D'autres troupes passent ; on ne sait si elles vont ou viennent.

Le château de Mondement flambe, une maison dans la direction de Broussy, le canon français lance encore quelques obus et tout retombe dans le silence. On est enervé, la situation ne peut durer. On arrive à dire : ' Qu'ils passent ou qu'ils reculent.'

Jeudi 10. Le lendemain au jour, on s'apprête à sortir des grottes. Le vacher Renard nous apporte du pain. Plus d'Allemands à l'horizon, nous allons retourner au village et chacun emporte une partie du matériel amené. Quel soupir de soulagement !

Nous rentrons à la maison d'école. Quel désastre ! Les vitres sont brisées. Les fusils de chasse déposés à la mairie ont été broyés dans la cour. Le drapeau des Sapeurs-Pompiers, l'écharpe du buste de la République sont lacérés. Les vieux sabres des pompiers sont repliés, le tronc de la caisse des Ecoles forcé et volé, les pièces les plus belles de la collection, trouvée dans les grottes, enlevées. Tout est retourné de la cave au grenier, le vin bouché, la limonade, l'eau de Vichy ont disparu. On marche sur des piles de vaisselle ; sur les restes d'orgies allemandes.

Montres et autres objets sont volés ; un tiroir secret est forcé et brûlé ; les chemises enlevées. Violon, phonographe, appareil à projections, forcés, tableau des monnaies allégé des plus belles, tirelire éventrée. Aucun coin n'a échappé aux investigations, recherche d'or et d'argent, de bibelots de valeur.

Plus d'Allemands, on visite le champ de bataille, on enterre les morts, on déblaye les maisons, la vie reprendra bientôt son cours normal.

VOCABULAIRE

CHAPITRE I

vii. **vécu** : veut dire ici passé, éprouvé.

vii. **affreuse** : pleine d'horreur et d'effroi.

vii. **tourmente** : désigne une révolution quelconque dans le temps comme dans la vie.

vii. **Reims** : ville de France, située au Nord-Est, fameuse par sa cathédrale gothique, et le commerce des draps et des vins de champagne. Elle doit son nom à St. Remi, archevêque qui, en la personne de Clovis, roi des Francs, a baptisé la France surnommée par là la fille aînée de l'Eglise.

vii. **Laon** : ville située au Nord de Reims. Elle est bâtie majestueusement sur une colline et son origine remonte bien loin au moyen âge.

vii. **L'Aisne et la Marne** : rivières, sous-affluent et affluent de la Seine.

vii. **Voie de communication** : le chemin de fer, les routes et les fleuves sont des voies de communication.

vii. **Verrerie** : c'est dans les verreries que l'on fabrique les vitres, les bouteilles, les verres.

vii. **agglomération** : une agglomération de pierres forme un tas.

vii. **maison bourgeoise** : ce sont les gens aisés qui habitent les maisons bourgeoises, tandis que les pauvres demeurent dans les chaumières.

viii. **terroir** : c'est l'espace occupé par les terres dépendant du même village.

viii. **bosquets** : les petits arbres réunis en bosquets offrent un ombrage agréable.

PAGE

viii. **Brimont**: village de 300 habitants au nord de Reims.

viii. **le bourdon** : une grande cloche au son très grave. Les bourdons ne se trouvent que dans les cathédrales.

viii. **une revue** : un souverain passe la revue de ses troupes dans certaines occasions seulement.

viii. **martial** : qui a un air de guerre. Vient du mot Mars, le dieu des combats.

viii. **éphémère** : qui ne dure qu'un jour. La vie de certains insectes est éphémère.

1. **meurtrière** : une blessure est meurtrière quand elle produit la mort.

1. **déchaîner** : il semble que la colère de Dieu est actuellement déchaînée contre l'Europe entière.

1. **hideux** : laid et repoussant, le contraire de 'très joli', 'très beau.'

2. **farouche** : le regard du tigre et du loup est farouche.

2. **comble** : plus que plein ou qui surpasse moralement la limite raisonnable. Le comble de l'infortune est de perdre tous les siens.

2. **sourd** : qui n'entend pas, qui paraît indistinct à l'oreille, ou par extension, aux autres sens, comme un bruit lointain.

2. **Erostrate** : Ephésien qui à l'exemple des conquérants, voulant se rendre célèbre, incendia le temple de Diane à Ephèse, une des 7 merveilles du monde, la nuit même ou naquit Alexandre.

2. **César** : nom donné au célèbre conquérant des Gaules et aux onze premiers empereurs romains.

2. **anéantir** : un régiment est anéanti quand la plupart de ses hommes tombent au champ d'honneur.

3. **déplorer** : on déplore toute sa vie une grande perte même matérielle.

3. **l'intendance** : corps de fonctionnaires militaires chargés de l'administration et de la comptabilité

de la guerre. Les soldats de l'Intendance se
reconnaissent aux épaulettes blanches.

3. **le quai** : trottoir devant lequel s'arrête le train dans
une gare.

3. **perler** : la rosée sème des perles sur le gazon après
une nuit calme et sereine.

4. **croquis** : nous reconnaissons toujours les person-
nages dans les croquis que Punch nous donne
toutes les semaines.

4. **respirer** : veut dire ici, avoir un air de. L'enfant
de la campagne respire la santé.

4. **l'esprit gaulois** : raillerie fine et mordante de nos
ancêtres.

4. **'70** : mis pour la guerre franco-allemande.

4. **revanche** : action par laquelle on rend ce que l'on
a reçu, le plus souvent en mal.

4. **imminente** : la présence d'un mouton charbonneux
dans un troupeau rend imminente l'épidémie du
charbon.

4. **pêle-mêle** : les livres et cahiers de l'élève désor-
donné sont toujours pêle-mêle.

4. **passeport** : écrit par lequel les Autorités civile ou
militaire vous permettent d'aller d'un pays ou
d'un village dans un autre.

5. **la commune** : bourg ou village en France.

5. **se faufiler** : un chien qui a perdu son maître se
faufile aisément dans une foule compacte pour
le chercher.

5. **baïonnette au canon** : lorsque celle-ci est sortie du
fourreau et prête à la charge au bout du fusil.

5. **les us et coutumes** : les habitudes.

5. **impassible** : comme la figure des statues. Le peuple anglais possède à un rare degré la science
de **rester** impassible là où les Français bon-
dissent d'indignation.

PAGE

5. **consigne** : instruction donnée à un fonctionnaire ou à un garde.

5. **il est de rigueur** : on est obligé.

5. **le poste** : ici prison improvisée n'importe où.

6. **victoire écrasante** : la bataille de Waterloo fut une victoire écrasante pour l'Angleterre.

6. **prouesse** : action de valeur et d'éclat. Duguesclin et Bayard ont fait des prouesses où l'on reconnaît toujours une certaine ruse honnête.

6. **vertigineuse** : qui fait peur par sa vitesse. La vitesse de la lumière est vertigineuse : 78,000 lieues à la seconde.

6. **grange** : bâtiment où l'on serre les céréales en gerbes pendant la mauvaise saison surtout.

6. **entendre raison** : il n'est rien de plus difficile que de faire entendre raison aux gens obstinés, et aux orgueilleux.

6. **hardes** : vêtements déchirés.

6. **harassé** : nous sommes harassés de fatigue après avoir fait une longue course par la chaleur.

6. **crottée** : par un jour de pluie une bicyclette est vite crottée par la boue.

6. **marmots** : mot familier pour 'enfants.'

6. **pleurnichant** : l'enfant gâté pleurniche du matin au soir.

6. **lisière** : quand on est perdu dans un bois, on cherche toujours à en regagner la lisière pour retrouver son chemin.

7. **Charleville** : ville des Ardennes que les Allemands appellent aujourd'hui Carlstadt.

7. **meule** : les meules de blé sont des tas de gerbes qui attendent dans les champs la rentrée en grange.

7. **chamarré** : les mondaines rient des étoffes chamarrées des paysannes sans s'apercevoir des mille

nuances criardes de leurs propres vêtements ou
chapeaux.

7. **cahotait** : qui n'a jamais ressenti les cahots d'une
voiture dans un chemin des champs en mauvais
état ?

7. **rétif** : un cheval rétif s'arrête ou recule au lieu
d'avancer. Il y a plus de ressources dans un
caractère rétif que dans un caractère indolent.

8. **ronflement, ronronnement** : bruits caractéristiques
d'un moteur qui fait ' Ron, ron, ron . . .'

8. **la coque** : carcasse, enveloppe solide d'un navire ou
d'un œuf.

8. **dirigeable** : ballon allongé en forme de cigare qu'on
est arrivé à diriger à l'aide d'un moteur.

8. **cliquetis** : le bruit des castagnettes.

8. **la mitraille** : affluence de balles dans un combat
acharné.

8. **Aviation Militaire** : aérodrome devenu la propriété
de l'armée.

9. **télégraphie sans fil** : la télégraphie sans fil trans·
met les dépêches comme l'air transmet les sons.

9. **intercepter** : par la télégraphie sans fil, le secret des
dépêches n'existe pas, car celles-ci peuvent être
interceptées à la ronde.

9. **échouer** : il est regrettable de voir de bonnes élèves
échouer dans leurs examens.

9. **Coiry** : lieu dit du terroir de Courcy.

9. **Liége** : ville de Belgique située au confluent de la
Meuse et de l'Ourthe.

9. **étouffer** : mourir à cause du manque d'air. Ici,
tenir sous silence.

10. **sape** : instrument pour couper dont se servent les
bûcherons et les mineurs.

10. **la clairière** : endroit dégarni d'arbres au cœur d'une
forêt.

10. **tambouriner** : dans les campagnes, le maire fait annoncer les nouvelles publiques par le garde-champêtre qui prévient de son arrivée au son du tambour.

10. **ébahi** : on peut cacher l'étonnement, mais l'ébahissement se manifeste sur la figure.

10. **carabine** : sorte de fusil de chasse.

10. **l'amende** : vous payez une amende quand vous renversez une tasse de thé sur la nappe.

11. **réfractaire** : qui résiste au feu.

11. **boyau** : chemin, ou conduit, long et étroit.

12. **les rôdeurs** : les chats, les renards rôdent la nuit pour surprendre leurs proies.

12. **ballot** : petit paquet de marchandises ou de vêtements que les chemineaux portent sur leurs épaules.

12. **un menu bibelot** : tous les petits objets qui sont sur les meubles d'un salon sont de menus bibelots.

12. **la bâche** : toile grise dans laquelle on enveloppe les marchandises qui doivent voyager.

13. **cave à liqueurs** : se compose d'une bouteille de forme élégante autour de laquelle sont suspendus de petits verres assortis.

13. **parcimonie** : économie exagérée. Placer avec parcimonie est occuper les plus petites places libres.

13. **intrus** : qui pénètre où on ne le désire pas.

14. **veilleur de nuit** : ouvrier chargé d'appeler les ouvriers de l'équipe de nuit.

15. **trébucher** : heurter le pied contre une pierre sans tomber.

15. **lumignon** : pauvre lumière comme celle d'une chandelle ou d'une lampe à huile.

15. **amplifier** : on amplifie facilement ses capacités et les fautes de son prochain.

15. **détrousseurs de cadavres** : voleurs qui la nuit dé-

terrent les morts pour les dépouiller de leurs bijoux.

16. **officier de réserve** : qui ne fait partie de l'armée que lorsque les circonstances l'exigent.

16. **indice** : maltraiter les animaux est l'indice d'un mauvais cœur.

16. **effondrer** : le démolir avec bruit.

17. **crâne** : contraire de 'peureux.' On est peu crâne pour traverser les bois la nuit.

17. **navrant** : qui cause une profonde affliction.

17. **bourré** : une tête bourrée de connaissances vaut moins qu'une autre.

17. **écrin** : l'intérieur des écrins d'argenterie est souvent doublé de velours vert mousse.

17. **fosse** : certaines fosses de l'Océan atteignent 8,000 mètres de profondeur.

18. **brêche** : ouverture faite dans un mur, une haie ou une montagne comme la brèche de Roland dans les Pyrénées.

18. **infester** : ravager.

19. **écluse** : c'est au moyen des écluses que les bateaux franchissent la différence de niveau d'une rivière ou d'un canal.

19. **école buissonnière** : vient de ce que les écoliers ont la tentation de courir dans les buissons pleins d'harmonie, au lieu d'aller à l'école pour apprendre les dates ou autres leçons peu attrayantes.

19. **jumelles** : s'applique à deux objets semblables allant ensemble aussi bien qu'à deux sœurs du même âge. Ici, [field-glasses].

19. **Sissonne** : bourg où cantonnent des troupes, comme Aldershot en Angleterre.

20. **se leurrer** : se tromper.

20. **Rethel** : Ville des Ardennes.

CHAPITRE II

PAGE

24. feuille de route : sorte de certificat identifiant un soldat ou un voyageur quelconque.

24. la caserne : bâtiment immense où se fait l'instruction des militaires.

25. Bazancourt : village de la ligne de Reims à Mézières, avant Rethel.

25. gaspiller : dépenser follement et sans compter.

26. Uhlans : éclaireurs dans les armées russes, autrichiennes et allemandes.

27. majors : appellation donnée le plus souvent aux médecins militaires.

27. persiennes : [shutters]. En France, toutes les maisons ont des persiennes ; celles-ci se trouvent en dehors.

27. sursaut : mouvement brusque occasionné par une émotion subite et violente. Le tonnerre nous éveille en sursaut.

27. encombrer : le lundi de la Pentecôte en Angleterre, les gares sont encombrées d'excursionnistes.

27. un je ne sais quoi : [a tinge of]. Le ciel de ce tableau lui donne un je ne sais quoi d'idéal.

28. défoncer : état d'une route où les véhicules ont enlevé les pierres et creusé des ornières inégales.

28. dédale : ici, nombre d'ornières se croisant d'une façon désordonnée.

28. paître : des vaches paissant dans un pré ont inspiré plus d'un peintre.

29. ville ouverte : ville qui se rend à l'ennemi sans résistance.

29. État-Major : corps d'officiers d'où émane la direction d'une armée, d'une division.

29. pourparlers : conférence à propos d'une affaire.

30. belligérant : qui a l'humeur guerrière.

31. un guet-apens : piège dressé pour assassiner, outrager, dévaliser.

32. **je m'en fiche** : vulgaire équivalent de : Je m'en
moque.

34. **minutieuse** : une femme sans enfants peut être plus
minutieuse pour l'entretien de sa maison que la
mère d'une grosse famille.

34. **payer au comptant** : les couturières devraient
exiger que leurs clientes les paient au comptant
comme celles-ci le font pour leurs timbres-
poste ou leurs billets de théâtre.

35. **au détriment** : voler Saint Pierre pour payer Saint
Paul est favoriser une personne au détriment
d'une autre.

35. **le ravitaillement** : les vivres pour une armée ou une
population quelconque.

35. **le fléau** : la guerre, la peste et la famine sont trois
grands fléaux.

37. **alléchantes** : à Noël, les devantures des boutiques
sont alléchantes, elles donnent le désir d'acheter.

37. **libations** : effusion de vin ou d'autres liqueurs que
les anciens faisaient en l'honneur des dieux.

38. **ivre-mort** : homme auquel l'excès de la boisson
fait momentanément perdre l'usage de la raison
et des sens.

38. **le nectar** : le vin de Champagne.

38. **mousseux** : effervescent.   Se dit de certains vins.

38. **sur le qui-vive** : la femelle de l'oiseau est toujours
sur le qui-vive pour sa tremblante nichée.

38. **éventer la mèche** : découvrir l'effet et en gâter le
secret.

39. **un coup de commerce** : si un régiment vient loger
dans une ville, les marchands en profitent pour
faire un coup de commerce.

39. **déchiqueter** : couper en mille morceaux ; la grêle
déchiquète les jeunes feuilles.

PAGE

40. **un passe-temps** : le jeu de domino ou de loto est un passe-temps pour les enfants.

40. **tirer parti** : une femme habile sait tirer parti des vieux vêtements comme des vêtements trop courts.

40. **sur toute la ligne** : sans exception.

40. **émigré** : les émigrés belges ont été bien accueillis en Angleterre.

41. **adoucissement** : qui calme. Les condoléances adoucissent un peu la douleur.

41. **atterrissage** : lieu où l'on prend terre.

42. **déguerpir** : quitter un lieu par force. Jeanne d'Arc fit déguerpir les Anglais d'Orléans.

42. **commérage** : [gossip]. Les commérages remplissent les journées de certaines gens de la campagne.

42. **atrophier** : l'excès de l'alcool atrophie les organes.

42. **infliger** : on inflige des punitions sévères aux fraudeurs.

43. **attacher foi** : croire. Parlez peu et on attachera foi à vos paroles, car elles auront du sens.

43. **manège** : conduite artificieuse ici.

43. **écœurer** : qui révolte le cœur.

43. **tancer** : mesurer d'un air sévère et hautain.

43. **butin** : les Northmen se sauvaient dans des îles désertes pour partager leur butin.

44. **affolement** : trouble complet de la raison causé par la terreur ou un accident.

44. **en négligé** : être en négligé, en être trop recherché dans sa mise, sont deux extrêmes qu'on doit éviter.

44. **miche** : pain rond de la maison.

44. **grignoter** : la souris grignote les croûtes de pain et le sucre.

44. **trépigner** : l'enfante gâté trépigne quand on lui re-

fuse ce qu'il veut. Le cheval trépigne d'impatience.

45. **remue-ménage** : un chien écrasé cause un remue-ménage chez les passants de la rue.

45. **ruée** : fuite précipitée et sans ordre.

45. **course éperdue** : poursuivi par les chasseurs, le cerf sauve sa vie par une course éperdue à travers bois.

45. **acharner** : le tigre s'acharne sur son innocente victime pour la martyriser.

47. **retrancher** : se fortifier. L'ennemi se retranche derrière les remparts.

47. **un point d'appui** : donnez-moi un point d'appui, disait Archimède, et avec un levier (lever) je soulèverai le monde.

47. **répercuter** : renvoyer dans une direction nouvelle. Les surfaces polies répercutent la chaleur.

48. **repérer** : on aurait vite trouvé l'endroit exact de leurs positions.

CHAPITRE III

49. **bruine** : pluie très fine et continue, en novembre.

49. **ambiant** : qui entoure. De l'air ambiant dépend la vitesse de la fermentation.

50. **pressentiments** : sentiment vague et instinctif qui précède ce qui doit arriver.

50. **maudit** : le peuple allemand, qu'il le mérite ou non, sera désormais maudit de tout l'univers civilisé.

50. **épier** : le chat épie l'oiseau confiant en sa mine doucereuse.

52. **narquois** : regard ou geste qui exprime la ruse ou la moquerie.

52. **fours** : bassins de pierre où l'on coule le verre liquide destiné à la fabrication des bouteilles.

52. **empoigner** : on empoigne vivement un enfant qui vient de tomber à l'eau.

53. **hors d'haleine** : après un match de football les joueurs sont hors d'haleine.

53. **l'airain** : le fer. Victor Hugo a défini un obus une fleur au calice d'airain et aux pétales de flamme.

54. **trempé** : en été, on est bientôt trempé par une averse quand on sort sans imperméable.

54. **joncher** : les pâquerettes et les boutons d'or jonchent les côteaux.

55. **fendu** : combien de vases se trouvent fendus par le peu de soin des domestiques qui sont si habiles à cacher leur méfait.

55. **s'écouler** : passer comme le temps et l'eau d'une rivière.

55. **tournoyer** : tourner plusieurs fois sur soi-même. Ici, effrayant.

56. **brio** : la casse.

56. **coma** : sommeil profond qui le plus souvent prélude à l'agonie d'un moribond.

56. **aux prises** : qui se combattent mutuellement.

58. **consommé** : le bovril est un consommé anglais, qu'on boit quand on est malade.

58. **ragaillardir** : rendre quelques forces momentanément.

58. **consistant** : un plat de viande est plus consistant qu'un plat de pommes de terre.

58. **emballage** : pour envoyer des œufs, ou ici des bouteilles par le train, on ne peut prendre trop de soin dans leur emballage.

58. **buanderie** : salle où on lave le linge et où couche le chat en hiver.

59. **brancardier civière** : celui qui transporte un malade ou un blessé sur une civière, appareil composé d'une toile tenue par un manche, de deux côtés.

PAGE

59. **hangar** : abri pour les marchandises.

59. **tesson** : fond d'une bouteille cassée.

60. **souiller** : salir honteusement, mais ici glorieusement par du sang français.

60. **grouillement** : le grouillement des enfants dans le quartier de Whitechapel a quelque chose d'aussi curieux que celui d'une fourmilière.

60. **képis** : coiffures de nos soldats.

60. **poignante** : la brûlure cause une douleur poignante sur le moment.

61. **point du jour** : le rossignol chante même avant le point du jour.

61. **maugréer** : se mettre en colère contre quelqu'un.

61. **flamber** : ce qui brûle vite en produisant beaucoup de flamme comme le celluloïd.

61. **pignon** : coin du mur dans une maison.

61. **embrasé** : mis en feu.

62. **crève-cœur** : il n'y a pas de plus grand crève-cœur que de se voir méprisé par ceux même à qui l'on a fait du bien.

62. **mioches** : (vulgaire) désignant les enfants.

62. **à l'envi** : vous travaillez à l'envi l'un de l'autre quand vous essayez de mieux faire que votre voisin.

64. **ordre formel** : obligation sévère.

64. **fomenter** : Guy Fawkes et d'autres ennemis de Jacques Iᵉʳ ont fomenté la Conspiration des Poudres en 1605.

65. **décomposé** : figure qu'on ne reconnaît plus à cause du changement des traits, dû à une frayeur subite.

65. **inconsciemment** : on marche, on dort, on respire inconsciemment.

65. **faucheuse** : allégorie, (squelette armé d'une faux) par laquelle on représente la Mort.

65. **gaillards penauds** : garçons à la mine honteuse et à
    l'air humilié, comme un renard qu'une poule
    aurait pris.

65. **silhouette** : l'ombre déforme la silhouette.

65. **les bras ballants** : bras qui tombent naturellement
    le long du corps.

66. **en colonne** : tous ensemble, plus ou moins alignés.

66. **à l'affût** : qui guette en silence comme le chat.

66. **tanière** : repaire des animaux sauvages.

67. **scier** : couper comme avec une scie, lame dentelée
    pour couper le bois.

67. **d'outre en outre** : de place en place, ici et là.

67. **le platras** : débris de plâtre sec des vieux murs.

67. **gouttière tordue** : conduit d'eau de la maison dé-
    formé irrégulièrement.

67. **fumeron** : bois non entièrement carbonisé et qui
    achève de se consumer en jetant de la fumée.

67. **enchevêtrement inextricable** : quand un petit chat
    joue avec une bobine de fil, il la met bientôt
    dans un enchevêtrement inextricable.

68. **panache d'étincelles tourbillonnant** : dans un feu de
    cheminée on voit une gerbe d'étincelles tourner
    dans le ciel éclairé en rouge.

69. **tronçon** : morceau coupé ou brisé d'un corps plus
    long que large.

69. **méprendre** : ne pas distinguer entre plusieurs objets.

69. **passer outre** : désobéir.

CHAPITRE IV

71. **sommeiller** : on sommeille dans le train après la
    traversée de la mer.

72. **emmitoufler** : c'est un plaisir, même pour les
    personnes frileuses de sortir par le froid emmi-
    touflé dans ses fourrures.

PAGE

72. **blafarde** : teinte pâle.

72. **pelle** : on remue la terre avec une pelle.

72. **émacié** : maigre. Le visage des malades est vite émacié.

72. **pioche** : c'est avec une pioche que le mineur entame les blocs de charbon.

73. **cingler** : déplacer l'air avec violence.

73. **plaque** : on lit le nom des rues sur des plaques bleues imprimées en blanc.

73. **enregistrer** : le baromètre enregistre la pression atmosphérique.

73. **accalmie** : calme entre deux orages ou deux crises quelconques.

73. **colporter** : on ne sait jamais comment se colportent si vite les fausses nouvelles.

74. **attirail** : ensemble des choses nécessaires à la guerre, à un voyageur, etc.

76. **soufre** : métalloïde jaune qui provient des volcans et qui sert à faire les allumettes ordinaires. Les vapeurs du soufre blanchissent les violettes.

76. **engin** : les canons, les grenades, les fusils sont des engins de guerre.

76. **ramas** : quantité d'objets pêle-mêle.

76. **esquilles** : quand on glisse sur le plancher sans pantoufles on risque d'avoir une esquille dans le pied.

76. **cloison** : mur sommaire ou simples planches divisant une salle en deux.

77. **épaves** : débris d'un navire flottant à la surface de l'eau.

77. **nauséabonde** : d'une odeur infecte et malsaine.

77. **cauchemar** : rêve affreux ou bête noire. Quand je rêve qu'il y a un tigre sous mon lit c'est un cauchemar.

78. **assoupir** : dormir d'un sommeil léger.

78. **dégringoler quatre à quatre** : on dégringole les escaliers quatre à quatre quand on se croit surpris et qu'on veut cacher une désobéissance.

78. **d'outre tombe** : d'au-delà de la tombe.

78. **philosophe** : c'est la Grèce antique qui a fourni au monde les philosophes les plus sages : Socrate, Platon, Aristote, etc.

79. **tuer le temps** : l'écolier paresseux tue le temps de ses classes en attrapant des mouches.

80. **les pans de mur** : les restes informes d'un mur.

80. **étançon** : grosse pièce de bois pour soutenir un plancher ou un mur qui menace ruine.

80. **un particulier** : un propriétaire quelconque.

81. **voué** : condamné à l'outrage, à l'exécration.

82. **planer** : se dit d'un oiseau qui se soutient en l'air les ailes étendues sans qu'il paraisse les remuer.

82. **immonde** . sale, impur comme le démon.

82. **plomb** : métal pesant d'un gris bleuâtre. Les armes à feu sont chargées de grains de plomb.

83. **fauves** : le lion et le tigre sont les fauves les plus redoutables du Sahara et des Indes.

83. **échafaudages** : la cathédrale de Reims n'était jamais sans échafaudages, car on ne cessait de la réparer.

83. **effriter des tons** : détruit par la chaleur.

83. **d'argile cuite** : [baked clay]. L'argile cuite prend une teinte foncée.

83. **se déliter** : tomber par menus morceaux.

83. **ogive** : lignes d'architecture qui, en se croisant diagonalement, forment un angle caractéristique du genre gothique.

PAGE

83. **effeuiller** : en effeuillant une marguerite nous disons : je t'aime un peu, beaucoup, passionnément, pas du tout.

CHAPITRE V

85. **relation intime** : l'histoire de France et celle d'Angleterre ont une relation intime.

86. **déclivité** : qui descend en pente comme les talus des voies ferrées.

86. **affecté** : consacré à.

86. **néolithique** : se dit de la période la plus récente de l'âge de pierre.

87. **hache** : les arbres tombent sous les coups de hache du bûcheron.

87. **érudit** : homme qui possède un savoir étendu.

87. **faune et flore** : animaux et plantes d'un pays.

87. **cité lacustre** : anciens villages préhistoriques bâtis sur pilotis dans les lacs, et dont les restes se retrouvent, particulièrement au bord des lacs de Suisse.

87. **les défunts** : les morts.

88. **couloirs** : passage d'une salle à une autre.

88. **marais** : la tourbe (peat) se forme dans les marais par la décomposition de certaines plantes.

88. **Monmort, Etoges, etc.** : villages des environs de Vertus, département de la Marne.

89. **les avions** : aéroplanes militaires.

89. **fusée paragrèle** : [rocket]. Les fusées paragrèles, par leur explosion, transforment la grèle meurtrière des vignes en une pluie bienfaisante.

90. **facteur-receveur** : fonctionnaire qui a la charge de la poste et qui reçoit les deniers publics.

90. **charron** : le 'charron du Village' de Longfellow est une belle poésie anglaise.

90. **bonbonne** : énorme bouteille ronde qui contient environ 15 litres.

90. **lampe à alcool** : on peut se faire une tasse de thé dans une chambre sans feu au moyen d'une lampe à alcool.

90. **tirailleur** : soldat détaché en avant pour provoquer l'ennemi.

91. **fouiller** : la première chose à faire quand on a perdu son porte-monnaie est de fouiller plusieurs fois dans ses poches.

92. **palper** : sentir avec la main pour découvrir sans voir.

92. **allumettes tisons** : les allumettes anglaises sont presque toutes des allumettes tisons.

93. **vermeil** : argent recouvert d'or.

93. **ceinturon** : ceinture de cuir des militaires.

93. **un boîtier** : les montres sont plus en sûreté dans un boîtier de celluloïd.

96. **balayer les pentes** : le vent balaie la poussière des pentes plus vite que celle des terrains plats.

96. **pantoufle** : Cendrillon avait des pantoufles de verre.

96. **vedette** : cavalier en sentinelle.

97. **rondelle** : les betteraves se servent découpées en rondelles minces.

97. **bocal de cornichon** : vase de verre à étroite embouchure où l'on conserve les cornichons dans le vinaigre ; condiments qui ne sont que de petits concombres.

97. **matériel** : tous les instruments servant à une exploitation comme le matériel d'une ferme.

98. **Sapeurs-Pompiers** : les individus de bonne volonté d'une commune qui, après une instruction sommaire combattent les incendies locaux ou voisins.

98. **écharpe** : ruban tricolore qui part d'une épaule et passe à la taille du côté opposé.

PAGE

98. **caisse des écoles** : argent produit par de modestes dons et avec lequel on distribue gratuitement des cahiers aux écoles publiques.

98. **vaisselle** : collection des plats, assiettes, verres, etc.

98. **orgies** : fête solennelle en l'honneur de Bacchus chez les anciens. Ici, excès dans les repas.

98. **appareil à projections** : instrument avec lequel on représente des tableaux sur un drap tendu. S'emploie dans les écoles pour illustrer les leçons.

Printed by T. and A. CONSTABLE, Printers to His Majesty
at the Edinburgh University Press

DICTATIONS FOR HOMEWORK

By S. A. RICHARDS, M.A.

1s. 4d.

Those who have had ample time at their disposal in the teaching of French have proved the value of dictation for spelling, grammar, and general observation work. Unfortunately, lack of time has compelled many others to abandon with regret a valuable exercise. The application of phonetics in this book enables the dictations to be done *at home*, always provided a sound preliminary drill has been given in phonetics and in the sound equivalents of the phonetic symbols. It will be found that practice with this book will have a permanently beneficial effect on the French written work. It is not necessary to point out that much valuable time is thus saved without the sacrifice of the exercise.

Messrs. Constable will be glad to receive applications for specimen copies of their Educational Books from bona fide teachers. Each request should, if possible, be accompanied by a statement of the number of copies likely to be required in the case of the book being adopted.

Constable's Organised · French · Series

GENERAL EDITOR: HARDRESS O'GRADY

THE General Editor of this series is Mr. Hardress O'Grady, formerly a master at Berkhamsted School, a member of the Natal Education Department, a master at King's College School, and Lecturer in French at the University of London, Goldsmith's College. Very considerable experience in examining has led him to form certain conclusions with regard to teaching and organisation, and these conclusions are to a great extent embodied in the series. An effort is made to organise closely grammar and vocabulary, and as time goes on this organisation, together with co-ordination, should become better still. The general views of the Editor are set forth in the little volume published by Messrs. Constable in their series, 'Handbooks in the Art of Teaching,' entitled *The Teaching of Modern Languages by the Organised Method* (see p. 4). The present books are intended more especially for schools where pupils begin French at the age of twelve at the earliest and spend from four to five years in school, with four periods a week devoted to the language. Grammar and the choice of a vocabulary mainly of an urban type have received special attention. The provision of ample exercises for written work, and the methodical arrangement of these exercises in the readers must inevitably appeal to teachers who feel the want of organisation in the application of modern ideas.

N.B.—Constable's Organised French Series uses a
phonetic fount corrected and revised
specially for the publishers.

Constable's Organised · French · Readers

Fcap. 8vo. (4¼ × 6¾ ins.).   Bound in limp cloth.

At first sight these readers appear to be edited on the familiar and approved reform lines. A glance will convince teachers that they are, in point of fact, an improvement on the type. The grammar exercises are carefully graduated, and two sets of exercises have been included, a dictation and a free composition, right through the series. All sets of exercises are edited in the same manner, thus giving an organisation and methodical arrangement which will be appreciated. The editors of individual texts are gifted teachers, and have shown much ingenuity and imagination in varying the form of exercises within the limits set by the general editor. In the Elementary texts the French has been simplified, and the grammar limited to the strictly necessary. In the Intermediate texts much more advanced syntax and grammar are introduced. The classified word lists are a feature of the series.

ELEMENTARY. Per vol. 8d.

1. LA BELLE AUX CHEVEUX D'OR. Edited by E. Creagh Kittson, B. ès L. 64 pp.
2. LA BELLE ET LA BETE. Par Madame de Beaumont. Edited by E. Creagh Kittson, B. ès L. 64 pp.
3. ALADIN. Edited by O. T. Robert, B. ès L. 86 pp.
4. ALI-BABA. Edited by G. Soullier, B. ès L. 72 pp.

INTERMEDIATE. Per vol. 8d.

1. CROISILLES. Edited by B. L. Templeton, M.A. 88 pp.
2. LE PIED DE MOMIE. Edited by O. T. Robert, B. ès L. 80 pp.
3. LA PECHE MIRACULEUSE. Edited by Kathleen McDonnell, B.A. 64 pp.
4. L'ARAIGNEE CRABE. Edited by S. A. Richards, M.A. 80 pp.

FIRST BOOK OF FRENCH

By Hardress O'Grady

General Editor of the Series.

The book is divided into three parts. The first eight lessons do not depend on the use of the wall-picture. They deal with class-room objects and with simple actions. The grammar deals with the article, simple feminine forms of the adjective, the plural, the present indicative of the conjugation in -er, and of a few very common so-called irregular verbs. The method is direct, synthetic, and heuristic. These eight lessons are also given in phonetic transcription, and numerous exercises for *written* work are added.

The second part (9 to 29) depends mainly on the single wall-picture. This represents a really typical French *bourg*, and is exact as well as pleasing. It has been made from a number of photographs of a *bourg* in the North of France, as will be seen by the characteristic architecture of some of the houses, and of the wells and church. The lessons develop the simpler grammatical points of the language with constant revision. New words are explained by reference to those already known, or from the picture, or by actions. The conjugation of many verbs in the form of sentences is a strong feature of this section. The vocabulary is that which it is essential to learn in the first stages.

Part III. (30 to the end) deals with the visit of a young Englishman and his sister to this *bourg*, in the form of diaries kept by them. Stories told by the inhabitants are introduced, and this section is meant to serve as an introduction to reading in the language.

This book is not intended to be exhaustive in its treatment of grammar. It should be completed in one year, and leads to the other books of Constable's Organised French Series.

The author has had the invaluable assistance of Mr. O. T. Robert, Associate-Professor Elect of Wellesley College, U.S.A., in the revision of the lessons. The greatest care has been expended on the work, in order to ensure close organisation and logical development without sacrificing interest or good French.

(In active preparation.)

THE WESTMINSTER SHAKESPEARE

*The following volumes—being those in most constant use
for school purposes—are now ready.*

Vol.   I. ROMEO AND JULIET.
  „   II. AS YOU LIKE IT.
  „   III. THE MERCHANT OF VENICE.
  „   IV. MACBETH.
  „   V. JULIUS CAESAR.

Arranged for reading aloud, with a brief Historical Introduction and a Note on Reading Aloud, by J. W.
MACKAIL, M.A., LL.D., formerly Professor of Poetry
in the University of Oxford, with a Full Glossary of
Obsolete or Unfamiliar Words and Phrases.

School Edition.   Cloth Boards.   Per vol. 1s. 4d.
Library Edition.   Cloth gilt.   „   2s. 6d. net.

NOTE.—This edition of Shakespeare's plays places them before
student readers in the simplest possible form, for instruction and
enjoyment. The Plays are printed so as to show quite clearly
what persons take part in each scene, and who is speaking at each
moment. The explanatory matter is so printed that it cannot
be mixed up with Shakespeare's own text, but stands close
beside the part of that text to which it applies. Its object is to
give all explanation of the action that is necessary for intelligent
enjoyment, without the burden and distraction of a commentary.
In ordinary editions of Shakespeare the stage directions are
scanty, and often incorrect, or at least misleading. Modern
plays, on the other hand, are often printed with a set of 'stage
directions' in the full sense of the term ; with full directions,
that is to say, for the furnishing of the stage of the theatre in
each scene. What is done here is nothing of the sort; it is so
much of explanation or guidance as to make what is going on
easily intelligible, and no more. From these helps, and from the
text itself, each reader must form a picture in his or her own mind.

The purpose of this edition being to bring its readers straight
to Shakespeare, and Shakespeare straight to them, there are no
notes and no introductory matter. In order, however, to
obviate the need of reference to a dictionary. there is at the
end of each volume a glossary of words or phrases in the text
of the play which havs become obsolete, or have materially
changed their meaning, or are so unfamiliar that they require
to be explained if a passage is to be understood.

ERNEST THOMPSON SETON

THE THOMPSON SETON READERS

Five volumes. Price per vol. 1s. net. Uniform
Fcap. 8vo. Cloth boards.

I. THE BIOGRAPHY OF A SILVER FOX.

II. MONARCH, The Big Bear of Tallac.

III. THE SLUM CAT. Snap. The Winnipeg
Wolf.

IV. LITTLE WARHORSE. Badlands Billy.

V. THE LEGEND OF THE WHITE REIN-
DEER. Arnaux. The Boy and the Lynx.

This attractive and cheap edition of Mr. Thompson
Seton's famous animal stories will unfailingly appeal
alike to the teacher in search of new and congenial
English texts for school use and to the general reader.

ROMAN LIFE READER. Illustrating Roman
Character, Manners, History, and Society.
By S. E. WINBOLT, M.A., and F. H. MERK,
M.A., Assistant Masters at Christ's Hospital.

236+xii. pp. Crown 8vo 2s. 6d. net.